Mosaik
bei GOLDMANN

Buch

Niemand bezweifelt (mehr), dass Männer und Frauen einfach anders sind. Und daher verwundert es auch nicht, dass Jungen eine andere Erziehung brauchen als Mädchen. Doch das führt oft zu Fragen und Verunsicherung: Welche Vorbilder sind die richtigen? Wieviel Liebe braucht ein Junge? Muss eine Extraportion Bewegung sein? Von der Geburt bis zum jungen Erwachsenenalter begleitet dieser Ratgeber mit Tipps, Beispielen und vielen alltagstauglichen Ratschlägen Eltern durch die Jahre der Erziehung, damit aus kleinen Jungen glückliche Männer werden.

Autorin

Cornelia Nitsch arbeitet als freie Autorin und Journalistin. Sie ist selbst Mutter von vier Söhnen und lebt mit ihrer Familie bei Bad Tölz.

Von Cornelia Nitsch außerdem bei Mosaik bei Goldmann:

Die schönsten Familienrituale (16212)
Der blaue Luftballon (16277)
Bloß nicht alles richtig machen! (16317)
Schule ohne Bauchweh, Zus. mit Cornelia von Schelling (16347)
Räum endlich dein Zimmer auf! (16366)
Dr. Mama! (16551)
Was Eltern auf die Palme bringt (16536)
Fit und schlau, Zus. mit Hertha Beuschel-Menze (16521)

CORNELIA NITSCH

Jungen sind einfach anders

Warum Söhne eine
besondere Erziehung brauchen

Mosaik
bei GOLDMANN

Umwelthinweis:
Alle bedruckten Materialien dieses Taschenbuches
sind chlorfrei und umweltschonend.

Originalausgabe Oktober 2002
© 2002 Wilhelm Goldmann Verlag, München,
ein Unternehmen der Verlagsgruppe Random House GmbH
Umschlaggestaltung: Design Team München
unter Verwendung folgender Fotos: Mauritius, Weststock
Redaktion: Annette Barth
Satz: Buch-Werkstatt, Bad Aibling
Druck: GGP Media, Pößneck
Verlagsnummer: 16425
Kö · Herstellung: Max Widmaier
Printed in Germany
ISBN 3-442-16425-7
www.goldmann-verlag.de

3 5 7 9 10 8 6 4 2

INHALT

Vorwort 9

Jungen – immer noch das bevorzugte Geschlecht? ... 11
   Wunschkind Nummer eins: Junge oder Mädchen? .. 12
      Die Babywelt in Himmelblau tunken? 12
      Der Stammhalter hat ausgespielt 14

Jungen: Wenn sie noch Babys sind 17
   Die besonderen Merkmale in dieser Phase 18
      Nur auf den ersten Blick besonders robust 18
      Von Beginn an unreifer? 21
      Streiche spielen – schon bald ein Lieblingsspiel 21
      Jungen – schon als Babys Redemuffel? 22
   Was geben Eltern ihrem Sohn mit? 25
      Die alten Rollenbilder sitzen tief und fest 25
      *Von überbesorgten Müttern und
      unsicheren Vätern* 26
      Die Angst vor starken Jungen 32
      »Aus meinem Sohn muss ein tüchtiger Kerl werden!« 33
      Gesichter sind ein Spiegel für das Baby 34
      Jungen – Müttern nicht so vertraut wie Mädchen 36
      Mutterfreuden – oft gepaart mit Unsicherheit? 40
      Den Sohn mit Affenliebe erdrücken 43
      Wenn der Sohn zum Ersatzpartner wird 44
      Wie der Vater, so der Sohn? 45
      Dem Sohn bitte viele Freiheiten lassen 46
      Jungen brauchen Liebe – aber im richtigen Maß 47
      Wenn Väter nicht gern schmusen 47
   Und wie soll die Erziehung aussehen? 48
      Das wichtigste Gebot: die Persönlichkeit achten 49

Sich dem Baby einfach anvertrauen 50
Neugeborene sind keine unfertigen Menschlein 50
Vor allem auf die Wünsche des Kindes eingehen? 53
Bloß nicht nach Formel XYZ erziehen 53
Sparsam mit Verboten umgehen 55

Jungen im Vorschulalter 59
  Die besonderen Merkmale in dieser Phase 60
    Immer in Bewegung und auf Achse 60
    Wenn die Lust am Toben frühzeitig vergeht 61
    Auch im Kindergartenalter noch besonders sensibel ... 62
  Was geben Eltern ihrem Sohn mit? 63
    Wenn Mutter und Vater nicht an einem
    Strang ziehen 64
    Was ist ein guter Vater? 66
    Nicht nur über Sachliches, sondern auch über
    Persönliches reden 68
    Lebt der Sohn in einer andern Welt? 70
    Auch Jungen sind zärtlichkeitsbedürftig 71
    Wenn der Sohn Mamis kleines Kuschelhäschen ist 73
    Abgrenzen – eine Kunst, die Eltern lernen müssen ... 75
    Die ersten Eindrücke bleiben 76
    Immer noch erziehen Frauen die Kinder 78
    Wenn der Vater durch Abwesenheit glänzt 78
    Die Männer bitte nicht madig machen 81
    Die engagierten Väter 83
    Selbständig werden – auf Abstand zur Mutter gehen . 84
  Und wie soll die Erziehung aussehen? 86
    Sind Buben schwieriger? 87
    Wenn sich das Kind in Rumpelstilzchen verwandelt .. 88
    Wenn das Recht des Stärkeren gilt 94
    Nicht jeder Tritt ist ein Zeichen für Aggressivität 98
    Balgereien – auch eine Art von körperlicher Nähe 100
    Die ersten Mutproben 101

Ein Hasenfuß – muss ein Junge
seine Angst überwinden? 102
Mit Kritik sparsam umgehen 104
Schüchternheit – schwierig für Jungen? 106
Hausarbeit – nichts für Jungen? 107
Wenn Mütter ihren Söhnen die Arbeit abnehmen 109
Bitte nicht mit anderen vergleichen 111

Jungen im Schulalter 113
  Die besonderen Merkmale in dieser Phase 114
    Noch keine Spur von Eitelkeit 117
  Was geben Eltern ihrem Sohn mit? 117
    Unterstützen und begleiten 120
    Den eigenen Seelenfrust nicht beim Sohn abladen ... 122
    Der Traumvater – das große Vorbild für den Sohn ... 123
    Die Berufswelt des Vaters 124
    Starke Väter – eine besondere Belastung? 126
    Die Anteilnahme an dem Sohn hält sich in Grenzen .. 126
    Ein Jungenvater hat besondere Aufgaben 127
    Väter sind Väter und nicht die allerbesten Freunde ... 129
  Und wie soll die Erziehung aussehen? 131
    Falsche Vorstellungen von Männlichkeit 133
    Bruderkrieg im Kinderzimmer 134
    Die ersten richtigen Freunde 136
    Schulversager unter sich 138
    Und wie wird man mit Rabauken fertig? 139
    Dauernd neue Grobheiten – und das soll normal sein? 141
    Nicht nur die Jungen provozieren 145
    Kriegsspielzeug verbieten? 146
    Computer und Internet: bei Jungen sehr gefragt 149
    Idole: Gegengewicht zu den Eltern 150

Jungen in der Pubertät 153
  Die besonderen Merkmale in dieser Phase 154

    Langsam verändert sich der Körper 155
    Himmelhochjauchzend – zu Tode betrübt:
    Wenn die Stimmung kippt 159
Was geben Eltern ihrem Sohn mit? 160
    Vor- und Nachteile, wenn man ein Frühentwickler ist 160
    Vor- und Nachteile, wenn man ein Spätentwickler ist . 161
    Wenn nur noch schwer an den Jungen
    heranzukommen ist 162
    Stimmungsschwankungen – jetzt ganz normal 164
    Den heranwachsenden Sohn bitte nicht belächeln 165
    Keine Zeit für den Sohn und kein Interesse? 167
    Die Freiheit – jetzt wichtiger als eine gute Beziehung . 170
    Eltern haben immer ihre Zweifel und Schuldgefühle .. 173
Und wie soll die Erziehung aussehen? 173
    Zotige Sprüche, ordinäre Witze – jetzt
    besonders gefragt 176
    Bloß nicht zu weibisch daherkommen 177
    Mutproben – das beliebte Spiel mit dem Risiko 181
    Die Allmachtsfantasien der Jungen 182
    Sport: jetzt wichtiger denn je 184
    Aussehen und Fitness werden groß geschrieben 186
    Die Clique – warum hat sie so viel Einfluss? 187

VORWORT

Eltern wollen ihre Söhne heute möglichst so erziehen, dass perfekte Männer aus ihnen werden. Mit diesem Vorsatz manövrieren sie sich schnell in eine Sackgasse. Denn ein Kind großziehen kann nicht heißen, ihm ein vorgefertigtes Erziehungsprogramm mit hohem Anspruch überzustülpen in der Hoffnung, dass damit die eigenen Vorstellungen Wirklichkeit werden. Viel erfolgversprechender ist es, wenn die Eltern versuchen, auf ihr Kind einzugehen. Es in seiner Einzigartigkeit wahrzunehmen. Seine Bedürfnisse zu erkennen und weitgehend zu befriedigen. Seine Persönlichkeit zu respektieren. Welche speziellen Bedürfnisse hat ein Kind? Und hat ein Junge besondere Bedürfnisse – andere als ein kleines Mädchen? In welchen Punkten unterscheidet sich ein Junge besonders von einem Mädchen? Wie weit sollen Eltern im Umgang mit ihrem Sohn darauf eingehen?

In diesem Buch soll von den besonderen Stärken und Schwächen der Jungen die Rede sein, von ihren – im Gegensatz zu früher – veränderten Lebensbedingungen. Die Zeiten, da ein kleiner Junge nur mit Eisenbahn, Schiff und Auto zu spielen hatte und ein kleines Mädchen ausschließlich mit Puppen, sind glücklicherweise dahin. Heute werden Babys auch in puncto Spielzeug gleich behandelt: Dem Sohn wird von seiner Mutter bereits frühzeitig eine Stoffpuppe in die Hand gedrückt, damit sein »männlicher Horizont« frühzeitig erweitert und er nicht schon als Kleinkind wieder auf die alte Jungenrolle festgelegt wird. Und wenn das kleine Kerlchen Monate später bei seinen ersten Laufversuchen strauchelt und sich weh tut, dann bekommt es nicht länger zu hören: »Reiß dich zusammen, ein Junge heult nicht!«, sondern eher: »Wein dich ruhig aus. Das tut dir gut!« Früher musste ein Junge von Anfang an wie ein kleiner Mann auftreten: kernig und robust. Heute darf er auch mal seinen Tränen freien Lauf lassen, kuscheln und Schwäche zeigen. Erwachsene halten sich inzwischen zurück mit alten Sprüchen wie »Ein Junge weint doch nicht!« und »Komm, sei keine Memme!« Seit Jahren ist im Kinderzimmer zunehmend Gleichberechtigung zwischen Jungen und Mädchen angesagt. So ist seltener die Rede von Papis kleinem, zarten »Püppchen« – dem Töchterchen, das sein Liebling ist, oder von Mamis großem, starken Jungen, der bemüht ist, ihre Gunst zu erobern, indem er ihr alles Schwere abnimmt.

Auch im Kindergarten, in der Schule sitzen Jungen und Mädchen inzwischen weitgehend in einem Boot, denn die althergebrachten Privilegien der männlichen Wesen sind auf ein paar Restposten zusammengeschrumpft.

Fazit dieser Beobachtungen: In der Kindererziehung wurde in den vergangenen Jahrzehnten gründlich aufgeräumt und versucht, die traditionellen, starren Rollen durch neue, weniger geschlechtsspezifische zu ersetzen:

- Papis kleiner Liebling will kein schmuckes Püppchen mehr sein, sondern ein selbstbewusstes Mädchen, das sich nicht von kleinen und großen Herren sagen lassen muss, wo es lang geht im Leben.
- Mamis Kuschelbär mag nicht länger als kleiner Kavalier zu Diensten sein, der schon früh lernt, weiblichen Wesen die Steinchen aus dem Weg zu räumen.

Die altgewohnte Erziehung, die Kinder in festgelegte Geschlechterrollen presste, ist also ziemlich passé. Oder gibt es noch Relikte? Wo sind sie zu finden? Dieses Buch zeigt Eltern von Jungen, was sie für ihren Sohn tun können, damit er seine männliche Identität findet, sich zu einem selbstsicheren jungen Mann, authentisch und offen, entwickeln kann und auf festen Beinen im Leben steht.

JUNGEN – IMMER NOCH DAS BEVORZUGTE GESCHLECHT?

Ein Stammhalter muss her, ein Namensträger – generationenlang waren Jungen das auserwählte Geschlecht. Sie waren die Herren der Schöpfung. In der Rangordnung der Familie standen sie bei weitem über den Töchtern. Inzwischen verändert sich diese Ordnung. Die Jungen werden zunehmend entthront.

Wunschkind Nummer eins: Junge oder Mädchen?

Kündigt sich ein Baby an, dann hat bei der vorangegangenen Zeugung der Mann entschieden, ob ein Junge oder ein Mädchen auf die Welt kommen wird, denn seine Samenzelle enthält entweder das Y-Chromosom für einen Jungen oder das X-Chromosom für ein Mädchen.

Junge oder Mädchen? »Nicht so wichtig«, lautet die Antwort meistens, wenn man werdende Eltern nach ihren Wünschen fragt. »Ist uns beides recht!« Die Mütter und Väter von heute wollen keinen großen Unterschied in der Erziehung von Junge und Mädchen mehr sehen. In der Praxis setzen sie dann doch verschiedene Maßstäbe an – manchmal schon, bevor das Baby überhaupt auf der Welt ist.

Die Babywelt in Himmelblau tunken?

Die geschlechtsspezifische Erziehung beginnt oft schon in der Schwangerschaft – wenn die Eltern das Kinderzimmer einrichten. Dank Ultraschall wissen heute viele frühzeitig, ob das Baby ein Junge oder ein Mädchen sein wird. Bevor das Kind noch auf der Welt ist, stellt sich damit bereits die Frage: »Sollen wir das Mädchenhafte oder Jungenhafte besonders betonen?« Diese Frage bezieht sich auf reine Äußerlichkeiten wie: »Sollen wir, weil ein kleiner Junge geboren wird, wieder alles in Himmelblau halten – so wie es generationenlang Usus war? Sollen wir blaue Hemdchen und Höschen anschaffen?«

Die meisten werdenden Eltern halten nichts mehr von dem Brauch, alles in Himmelblau oder Rosarot zu tunken, weil Form manchmal eben doch Inhalt ist. Sie wollen nicht gleich wieder in die alten, ausgetretenen Fußstapfen treten, sondern einen Neuanfang wagen – auch in Äußerlichkeiten.

Deshalb lassen sie sich auf die traditionellen Jungen- oder Mädchenfarben gar nicht erst ein, sondern stellen von Anfang an klar: Weg mit den alten Etiketten. Und was bevorzugen sie stattdessen? Rosa für das Babyzimmer des kleinen Sohnes? Himmelblau für das der kleinen Tochter? Viele merken hier, wie tief verwurzelt die alten Gewohnheiten und Vorurteile in ihnen sind. Wer stattdessen lieber auf zitronengelb, eierschalenweiß, maiengrün oder schlicht rot zurückgreift, ist aus dem Schneider und umschifft damit elegant die erste Klippe einer geschlechtsspezifischen Erziehung.

Erinnerung an Kinderzeiten

■ *Während der Schwangerschaft fällt ihr Christian wieder ein – die Babypuppe mit der Kurzhaarfrisur und einem Balg aus Stoff. Lang ist es her, dass sie mit Puppen gespielt hat. Aber die Erinnerungen daran kommen jetzt wieder hoch.*

Christian war streng nach Vorschrift himmelblau von Kopf bis Fuß gewandet – so wie das eben zu sein hatte bei den kleinen Jungen damals. So sehr sie Christian auch liebte, war sie doch enttäuscht von dieser Puppe. Sie konnte Christian nicht richtig kämmen, denn die Kurzhaarfrisur gab nicht viel her. Konnte ihm keine Schleifen ins Haar binden. Konnte ihn nicht mit ihrer Lieblingsfarbe Rosarot schmücken. Rosa – das war die Farbe ihrer Mädchenträume: leuchtend wie Bonbons. Himmelblau – das war nichts Tolles. Nur kühl und ziemlich langweilig.

Der Stammhalter hat ausgespielt

Wer intensiver nachfragt, bekommt öfter zu hören, dass viele Eltern allen Beteuerungen zum Trotz doch ihre speziellen Jungen- oder Mädchenträume haben, und die heißen vielleicht:
- »Ich wollte immer schon einen Sohn haben!«
- »Wenn es kein Junge wird, werden wir ziemlich enttäuscht sein!«

Wird der Traum wahr, hängt der Himmel voller Geigen. Geht der Wunsch dagegen nicht in Erfüllung, ist das heute auch kein Drama mehr. Früher war das anders. Da musste in vielen Familien unbedingt ein Stammhalter und Namensträger her. Dieses Denken ist heute weitgehend überholt – auch dank der neueren Gesetzgebung, die mehr Freiheit bei der Wahl des Nachnamens lässt. Nur noch selten wird eine zukünftige Mutter von ihrem Partner, von ihren Schwiegereltern oder Eltern massiv unter Druck gesetzt mit Sprüchen wie: »Wann kommt denn endlich euer Stammhalter zur Welt?« Auch »gute« Ratschläge wie: »Wenn du viel Milch trinkst, wird es ein Junge!«, sind heute eher die Ausnahme.

Wünschten sich die meisten Paare noch vor wenigen Jahrzehnten eher einen Sohn als eine Tochter, weil der Junge zum Stammhalter, Ernährer und neuen Familienoberhaupt heranwachsen und damit zuständig sein würde für die Versorgung seiner Eltern im Alter, zeichnet sich mittlerweile ein Umdenken ab, so neuere Umfragen. Eine mögliche Erklärung für die Trendwende: Der Aspekt der finanziellen Absicherung hat in unseren Breiten an Bedeutung verloren. Die Eltern von heute sind in der Regel nicht mehr auf materielle Zuwendungen ihrer erwachsenen Kinder angewiesen, sondern im Alter selbst ausreichend abgesichert.

Und selbst wenn finanzielle Unterstützung durch die erwachsenen Kinder angesagt sein sollte, haben sich die Gewichte verschoben: Nicht nur die Männer, sondern auch die Frauen verfügen inzwischen in der Mehrzahl über ein eigenes Einkommen, und deshalb können Töchter ihre Eltern im Notfall ebenfalls unterstützen – so gut wie Söhne.

Viel wichtiger als die materielle Hilfe ist vielen Eltern heute die emotionale Zuwendung ihrer erwachsenen Kinder und eine harmonische Einbindung in deren Familienleben. Mehr Einfühlungsvermögen, mehr Verständnis für ihre Belange, mehr Kommunikation erwarten Mütter und Väter inzwischen von ihren erwachsenen Kindern und zwar vornehmlich von ihren Töchtern, seltener von ihren Söhnen. Eine Tochter wird sich eher um sie sorgen, wenn sie alt und gebrechlich sind, wird sich um sie kümmern – so die Erwartung vieler, und deshalb sind in vielen Familien heute Mädchen eher Wunschkinder als Jungen.

Die Frage, ob und wie ein Junge zu einem ebenso sensiblen, fürsorglichen Wesen werden kann, stellen sich viele dieser Eltern nicht.

JUNGEN: WENN SIE NOCH BABYS SIND

Der Sohn ist endlich geboren. Junge Eltern beobachten ihr Kind neugierig und begeistert, denn jeder Tag bringt Neues. Aus dem hilflosen kleinen Wesen wird schnell ein typischer Junge mit eigenem Kopf und ausgeprägtem Willen.

Alle Babyeltern frönen in der Anfangszeit mit ihrem Kind einer besonderen Lieblingsbeschäftigung: Sie versuchen, sich in ihrem Kind wiederzuerkennen. Die Mutter in ihrer Tochter: »Sie ist genauso hibbelig wie ich!« Der Vater in seinem Sohn: »Der hat das gleiche energische Kinn! Sicherlich auch so ein Draufgänger wie ich!« Von Anfang an nehmen sie Jungen und Mädchen nicht nur unterschiedlich wahr, sondern gehen auch unterschiedlich mit ihnen um.

Wenn man nun das Verhalten der Erwachsenen im Umgang mit ihrem Kind außer Betracht lässt – ist ein kleiner Junge schon zu Beginn seines Lebens in vielem anders als ein kleines Mädchen?

Die besonderen Merkmale in dieser Phase

Es werden zwar mehr Mädchen als Jungen gezeugt, aber es ist erwiesen, dass ein Gros der befruchteten weiblichen Embryonen in den ersten Wochen der Schwangerschaft abstirbt. Zahlenmäßig sind die Söhne den Töchtern also zunächst überlegen: Es werden mehr Jungen als Mädchen geboren.

Später kehrt sich das Bild um: Im Baby- und Kleinkindalter zeigt sich, dass ein Junge, auf den ersten Blick um einiges kräftiger und robuster als seine Altersgenossinnen – neugeborene Jungen wiegen immerhin um die fünf Prozent mehr als neugeborene Mädchen –, oft wesentlich anfälliger und sensibler auf seine Umwelt reagiert als ein Mädchen und deshalb auch häufiger erkrankt. Weltweit sterben mehr Jungen im Säuglingsalter als Mädchen. So werden Jungen häufiger Opfer des plötzlichen Kindstodes. Mädchen sind im Vergleich gesünder, ruhiger, zufriedener und weinen seltener als Jungen. Bislang hat die Wissenschaft noch keine eindeutige Erklärung dafür gefunden, warum männliche Babys körperlich empfindlicher reagieren als weibliche. Man vermutet,

- dass das Nervensystem der Jungen anfangs weniger ausgereift ist als das der Mädchen und damit anfälliger,
- dass Jungen eher unter Stress leiden als Mädchen (was hormonell bedingt ist).

Nur auf den ersten Blick besonders robust

Ein zwei Wochen alter Säugling liegt in seinem Körbchen und weint. Das Leben scheint ihm nicht besonders zu gefallen, denn er schreit viel. Schläft schlecht. Trinkt wenig. Seine Eltern machen sich Sorgen um ihn.

Die Sorgen sind unnötig. Denn ein kleiner Junge verhält sich als Säugling, statistisch gesehen, anders als ein kleines Mädchen:
- Er weint häufiger. (Drei-Monats-Koliken treten vor allem bei Jungen auf.)
- Er schläft schlechter.
- Er lässt sich schwerer beruhigen.

Ein kleiner Junge reagiert besonders intensiv auf Umweltreize. Ein Reise, ein Ausflug, ein Wetterumschwung – alles, was die Atmosphäre stört und den gewohnten Tagesablauf aus dem Lot bringt, belastet ihn sehr. So reagiert ein kleines Kerlchen auf ungewohnte Geräusche, auf hektische Betriebsamkeit im Durchschnitt wesentlich aufgeregter oder ärgerlicher als eine Altersgenossin.

Wissenschaftler haben herausgefunden, dass sich kleine Jungen, wenn sie sich unwohl fühlen, von ihrem Kummer und ihrem Frust durch Spiele und Späßchen nur schwer ablenken lassen. Kleine Mädchen sind da »pflegeleichter«. Bei ihnen greifen Ablenkungsmanöver eher. Es dauert in der Regel ein Weilchen, bis die Frustationstoleranz bei einem kleinen Burschen zunimmt.

Je größer und schwerer ein Baby, desto schwieriger ist meist seine Geburt. Und da Jungen bei ihrer Geburt in der Regel größer und schwerer sind als Mädchen, haben sie oft auch eine schwierigere Geburt als ihre zierlicheren Altersgenossinnen. Weil ein Junge an den »Nachwehen« seiner anstrengenden Geburtsstunden noch wochenlang leidet, ist er in seinen ersten Lebenswochen vielleicht besonders unruhig und schwierig, wird von Fachleuten vermutet.

Ist ein kleiner Junge besonders unruhig, beginnt damit nicht selten ein Kreislauf, der sich langsam zu einer Spirale hoch schraubt: denn weint der kleine Knirps alle naselang, stehen seine Eltern schnell unter Strom und reagieren dann entsprechend verunsichert. Ihre Anspannung überträgt sich auf den Kleinen, und das hat oft Folgen: Das Baby reagiert empfindlich auf die angespannte Situation und macht deshalb immer öfter und aus nichtigem Anlass ein Riesentheater. Weil es so häufig unzufrieden ist und weint, wird es entsprechend häufig getröstet. Der kleine Sohn wird so zum kleinen Prinzen erzogen, daran gewöhnt, dass sich immer alles um ihn dreht. Er ist auf die Zuwendung seiner Vertrauten stark angewiesen. Fazit: Ein männliches Baby braucht meist besonders viel Zuwendung, und zwar nicht nur, weil es vielleicht eher daran gewöhnt ist als ein gleichaltriges weibliches Baby, sondern auch, weil es auf die Nähe und Wärme, auf die Ansprache seiner Vertrauten besonders angewiesen ist. Wird kleinen Jungen diese Fürsorge vorenthalten, dann neigen sie eher dazu, mit körperlichen oder seelischen Verhaltenstörungen darauf zu antworten als gleichaltrige Mädchen.

Haben es Mama oder Papa dann endlich geschafft, ihren Wonneproppen zu beruhigen, schmusen sie noch eine Runde mit ihm, so ist der Junge am Ziel seiner Wünsche. Die Welt ist wieder in Ordnung. Der kleine Prinz entspannt sich wohlig. Abgesehen von der größeren Empfindlichkeit der Buben sind keine gravierenden Unterschiede auszumachen: Junge und Mädchen sehen dem Leben gleichermaßen mit hellwachen Sinnen entgegen, auch wenn Mädchen in der Regel etwas früher auf Gesichter reagieren als Jungen und über einen schon ausgeprägteren Tastsinn verfügen.

Im Alter von zwei Monaten beginnt ein Baby zwischen Männer- und Frauenstimmen zu unterscheiden und lernt danach langsam, erste Unterschiede zwischen den Geschlechtern wahrzunehmen – zum Beispiel:

- Männer sprechen mit tieferer Stimme als Frauen.
- Frauen haben meist längere Haare als Männer.
- Männer sind in der Regel größer als Frauen.

Diese ersten Eindrücke prägen sich tief ein und werden als Muster gespeichert.

Von Beginn an unreifer?

Die Zeit geht dahin. Das winzige Baby verwandelt sich langsam in ein lebhaftes Krabbelkind, das sich daran macht, die Welt zu erobern. Krabbeln die Jungen den Mädchen jetzt davon? Nein, ein männliches Baby lernt weder das Krabbeln noch das Sitzen oder das Laufen früher. In der frühen kindlichen Entwicklung sind im Wesentlichen keine großen Unterschiede zwischen einem Jungen und einem Mädchen festzustellen.

Nur in einigen wenigen Bereichen zeigt sich, dass ein Junge in seiner Entwicklung langsamer ist als seine weiblichen Altersgenossinnen. So hat er zum Beispiel, statistisch gesehen, mehr Schwierigkeiten mit der Feinmotorik. Oder es dauert in der Regel etwas länger, bis der Durchschnittsjunge lernt, erste Striche zu krakeln und behände mit einem Besteck zu hantieren.

Streiche spielen – schon bald ein Lieblingsspiel

Kommt ein Baby in Bewegung, beginnen für die Eltern aufregende Zeiten – vor allem dann, wenn dieses Baby ein Junge ist. Denn erweitert ein Junge seinen Radius robbend, krabbelnd oder erste Schritte wagend, dann eckt er besonders häufig an – häufiger als ein Mädchen. Er stößt sich zum Beispiel an der immer gleichen Tischkante. Bei vielen kleinen Draufgängern dauert es ein Weilchen, bis sie aus Schaden klüger werden. Vielen Jungen liegt es nicht, bedächtiger und achtsamer vorzugehen, sondern sie versuchen ungestüm, ihr Ziel zu erreichen.

Jedes Krabbelkind ist stolz wie Oskar auf seine neuen Künste: Schaut her, ich komme vorwärts. Endlich kann man sich den Fernseher aus der Nähe angucken und die Schnur an der Stehlampe untersuchen.

Setzen Eltern ihrem Kind bei seinen Expeditionen eine Grenze, sagen sie: »Nein, nicht auf die Couch klettern«, oder »Nein, nicht auf die heiße Herdplatte fassen!«, dann denkt kaum ein Baby daran, sich brav an dieses Nein zu halten. Im Gegenteil. Vor allem bei einem kleinen Jungen ist das Bravsein normalerweise wirklich nicht »in«. In seinen Augen ist es viel zu langweilig, immer nach der Pfeife der Großen zu tanzen und sich zu fügen. Kleine Jungen halten besonders wenig davon, sich unterzuordnen, haben Psychologen herausgefunden.

Natürlich lässt sich nicht verallgemeinern, dass Jungen schon im Babyalter generell die Tendenz haben, über die Stränge zu schlagen, aber dass viele von ihnen bereits früh eine Menge Unsinn im Kopf haben, ist nicht zu übersehen.

Jungen – schon als Babys Redemuffel?

Das erste, lang ersehnte »Mama« bekommt eine Mutter, statistisch gesehen, von einem Sohn später zu hören als von einer Tochter, denn Mädchen plappern ihre ersten Wörter oft schon vor dem ersten Geburtstag. Bislang war die gängige Meinung, dass sich ein Junge dagegen in der Regel mit seiner Sprachentwicklung mehr Zeit lässt und sein Wortschatz es lange nicht mit dem eines Mädchen aufnehmen kann. Neue Untersuchungen zur Sprachentwicklung haben dagegen weniger Geschlechtsunterschiede erbracht, als bisher allgemein angenommen.

Auch in anderen Bereichen des Lernens sind kaum Unterschiede auszumachen.

Eltern reden mit einem Sohn seltener als mit einer Tochter, meinen die Psychologen. Eine mögliche Erklärung hierfür: Erwachsene ordnen die Freude am Reden, das Bedürfnis nach Reden eher einem Mädchen zu, denn viele orientieren sich an den Vorbildern in der eigenen Familie, und da gelten Frauen nicht selten als wahre Quasselstrippen: Tante Tilde redet wie ein Wasserfall. Die Cousine Ella nicht minder. Der Vorstellung von den redefreudigen Frauen versuchen viele dadurch gerecht zu werden, dass sie auf eine Tochter besonders intensiv einreden, in der Annahme, ein Mädchen brauche viel Unterhaltung.

Ein kleiner Sohn wirkt frühzeitig daran mit, dass er anders wahrgenommen und behandelt wird als eine Tochter, denn häufig ist er wirklich weniger auf verbale Kommunikation aus als ein Mädchen – auch schon im Babyalter. Jungenbabys zeigen sich einfach etwas weniger interessiert an »Gesprächen«.

Keine Lust auf lange Unterhaltungen?

■ *Der kleine Junge, erst ein paar Monate alt, schaut interessiert zu, während seine Mutter ein Mobile über seinem Bett befestigt. Mit aufmerksamem Blick verfolgt er ihre Arbeit. Nachdem das Mobile hängt, beugt sie sich über den Sohn und will mit ihm schäkern. Das Baby schenkt ihr zwar sein schönstes Lächeln, mehr ist jedoch nicht drin, denn gleich darauf vernebelt sich sein Blick, und schon schlummert der Knabe selig ein.*

Kleine Mädchen plappern mehr und umgarnen damit die Großen. Kleine Jungen neigen weniger dazu, ihre Eltern mit treuherzigen Blicken aus runden Babyaugen zu becircen. Sie verhalten sich oft zurückhaltender als weibliche Babys und zeigen sich tendenziell weniger interessiert an liebevollem »Heiteitei«. So werden sie keine Weltmeister im Flirten, sind nicht ganz so geübt wie ihre weiblichen Altersgenossinnen, die Erwachsenen mit Hilfe tiefer Blicke aus sprechenden Babyaugen dazu zu verführen, mit ihnen lange »Gespräche« zu führen und damit gleichzeitig ihre Sprachentwicklung zu fördern. Die größere Zurückhaltung der kleinen Jungen hat Folgen: Die Eltern eines Jungen sprechen nicht nur seltener mit dem Baby, sondern beschäftigen sich generell seltener längere Zeit mit dem kleinen Sohn. Leider, denn Untersuchungen belegen, dass eine intensive Kommunikation zwischen den Großen und den Kleinen eine wichtige Voraussetzung für die Entwicklung der Intelligenz und des sozialen Verhaltens ist.

Eltern können gegensteuern, indem sie sich ganz bewusst und öfter mit ihrem kleinen Sohn »unterhalten«, ihm das Flirten und Gurgeln, das Plappern und Plaudern vormachen und ihn animieren: »Mach es uns nach!«

Die beschriebenen Geschlechtsunterschiede sollten dennoch nicht überbewertet werden, denn die Abweichungen zwischen Jungen und Mädchen sind oft viel geringer als die von einem Jungen zum anderen oder von einem Mädchen zum anderen: Das eine Kind lernt eher laufen als das andere. Das eine schläft nachts eher durch als das andere. Dies sind einfach die ganz individuellen und keine geschlechtsspezifischen Unterschiede.

Dass im Baby- und Kleinkindalter überhaupt Unterschiede zwischen Jungen und Mädchen bestehen, liegt:
- an den Genen,
- an den Verhaltensmustern, die Eltern weitergeben.

> ### Herrisch wie der Opa?
>
> ■ *Lukas, sechs Monate alt, ist ein fideles Baby. Meistens gut gelaunt und ziemlich anstrengend, weil er beschäftigt sein will. Sich mal ein Weilchen allein beschäftigen? Das ist nicht nach dem Gusto des kleinen Mannes. Dann wird er unleidlich, schreit so lange, bis seine Mama wieder zur Verfügung steht. Die Mutter macht sich zwar über die Herrschaftsallüren ihres Sohnes lustig, fürchtet sie aber gleichzeitig. Ob Lukas nach seinem sehr bestimmenden Großvater kommt? Ganz automatisch hält sie unter den männlichen Vorfahren Ausschau nach besonders herrischen Gestalten. Die weiblichen Ahnen kommen für sie als Vorläufer gar nicht in Betracht. Herrschaftsallüren – das sind für sie typisch männliche Verhaltensweisen.*

Was geben Eltern ihrem Sohn mit?

Weil sie mit ihrem Sohn anders umgehen wollen als ihre Altvorderen einst mit ihren Söhnen, setzen sich Eltern heute bei der Erziehung ihres Kindes meistens das Ziel, aus den Erziehungsfehlern vorangegangener Mütter- und Vätergenerationen zu lernen; das heißt, sie machen bei der Erziehung keine großen Unterschiede zwischen den Geschlechtern mehr und versuchen, die Emanzipation von Mädchen und Jungen voranzutreiben, damit Theorie und Praxis endlich übereinstimmen – wenigstens in der eigenen Familie.

Die alten Rollenbilder sitzen tief und fest

Auch wenn sie in Extra-Elternkursen lernen könnten, Kinder verschiedenen Geschlechts gleich zu behandeln, würden Mütter und Väter ihre Söhne und Töchter dennoch unterschiedlich wahrnehmen und damit auch unterschiedlich behandeln. Egal, ob sie ihren Sohnemann häufig überängstlich beäugen und dauernd Ärger auf sich zukommen sehen oder ob sie ihn für einen zukünftigen Abenteurer halten, ihrem Baby tun Mütter und Väter mit solchen Fantasien keinen großen Gefallen. Auch wenn es nicht versteht, was die Großen erzählen, begreift ein Baby, wenn die Erwachsenen vorschnell dabei sind, ihm eine fest umrissene Rolle zuzuweisen und es so in eine bestimmte Schublade zu stecken. Kein Kind gehört in eine Schublade, denn da bleibt ihm kein Raum, sich zu bewegen! Und ein Baby braucht viel Spielraum, um sich gesund zu entwickeln.

Obwohl ihnen im Grunde klar ist, dass sie ihren Nachwuchs in seiner Einzigartigkeit erst einmal kennen lernen sollten, und dass sie ihr Kind mit hoch gespannten Erwartungen an seinen zukünftigen Werdegang möglichst verschonen sollten, fällt es vielen schwer, bei dieser klaren Linie zu bleiben. Das hat seine Gründe:

Eltern fallen gerne, allen guten Absichten zum Trotz, in die alten, aus dem eigenen Elternhaus übernommenen Verhaltensmuster zurück. Gestresst vom anstrengenden Alltagsgetriebe, verlieren sie ihr Kind und seine Bedürfnisse aus den Augen und machen letztlich doch das, was sie eigentlich unbedingt vermeiden wollten.

Von überbesorgten Mütter und unsicheren Vätern

In ihrer Unerfahrenheit und Unsicherheit registrieren manche frisch gebackenen Eltern vor allem die Schwachpunkte in dem neuen Leben mit Baby. Warum? Die ersten Schwierigkeiten mit dem Baby bestätigen ihre heimlichen Befürchtungen und passen damit in das Bild, das sie sich vorab vom Leben mit dem Neugeborenen gemacht haben: »Der Junge schläft nicht durch – haben wir uns ja gleich gedacht!«, wird geklagt. Oder: »Das Kind schreit dauernd, typisch Junge!« Oder: »Das kleine Kerlchen strampelt ja ganz schön heftig. Ich kann ihn kaum bändigen!« Überforderte Mütter und Väter berufen sich in ihrer Hilflosigkeit gerne auf die alten Klischees vom anstrengenden Jungen, der seinen Eltern den letzten Nerv raubt. Außerdem machen sie in ihrer Überforderung zum Thema, was im Alltag schief läuft. So wird zum Beispiel die vorübergehende Nörgellaune ihres Sprösslings und seine Lebhaftigkeit beklagt – die normalen Widrigkeiten werden zum Drama aufgeplustert.

Weil ängstliche Mütter und Väter oft dazu neigen, sich unnötige Zukunftssorgen zu machen, und sich vor allem auf die Probleme im Leben mit Kind konzentrieren, verlieren sie in ihrem Stress oft das Vertrauen in die Beziehung zu ihrem Sohn. Die Anstrengung, der sie ausgesetzt sind, prägt das Bild. »Schon wieder ein Tag, an dem alles aus den Fugen gerät!«, stöhnen sie.

Das Positive im Leben mit dem Baby gilt dagegen vielen als Selbstverständlichkeit und wird in anstrengenden Zeiten seltener bewusst als Bereicherung wahrgenommen. Die Folge: Die Wärme, die Zuwendung und die Unterstützung – das, was es braucht, um sich gesund zu entwickeln –, bekommt manches Kind in der Alltagshektik zu selten zu spüren, und damit ist oft der Grundstein für zukünftige Probleme gelegt. Der Junge wird in seiner Verzweiflung dann wirklich zu einem schwierigen Kerlchen. Probleme tauchen dagegen gar nicht erst auf oder legen sich bald wieder, wenn Eltern frühzeitig bewusst gegensteuern und:

- ihre Energie in erster Linie in eine positive Beziehung zu ihrem Kind investieren,
- sich vor allem an ihrem Sprössling erfreuen und das Zusammenleben mit ihm genießen.

Der Junge ist sieben Monate alt. Er hält seine Eltern reichlich auf Trab. Dauernd hat er Hunger. Ständig will er im Kinderwagen geschaukelt werden. Und beim Wickeln strampelt er ununterbrochen, ohne auch nur für eine Minute stillzuhalten. Mutter und Vater bewundern seine Power: Um den Knaben müssen wir uns keine Sorgen machen. Der nimmt sich, was er braucht!

Verfolgen Eltern hingegen vertrauensvoll die Entwicklung ihres Sprösslings, dann überträgt sich dieser Optimismus häufig auf das Kind. Auf dieser Grundlage kann sich das Kerlchen zu einem fröhlichen Jungen entwickeln.

Söhne – ein extra Lob wert?

■ *Der Krankenpfleger – er stammt aus Italien – schiebt die junge Mutter und ihr gerade geborenes Baby in einem großen weißen Bett auf Rollen vom Kreißsaal in den Fahrstuhl. Dann vom Fahrstuhl zur Entbindungsstation. Er freut sich mit ihr über den Winzling, den sie in ihren Armen hält. Nachdem sie ihm erzählt, dass dieses Prachtbaby ihr viertes Kind sei, freut er sich doppelt. Als sie ihm dann noch verraten hat, dass dieses Kind ihr vierter Sohn sei, gerät er vollends aus dem Häuschen. Umgehend wird sie von ihm auf einen unsichtbaren Thron gesetzt und zur Königin aller Mütter erhoben. Er strahlt. Er jubelt ihr zu. Er lobt sie in den höchsten Tönen: »So jung und schon vier Söhne!« Er umsorgt sie: »Weich genug, das Bett? Warm genug?« Eine Frau, die vier neue Männer auf die Welt gebracht hat, ist in seinen Augen das Größte. Einfach majestätisch. Nicht nur der Mann, der sie vom Kreißsaal zur Station bringt, freut sich in höchsten Tönen mit ihr ob ihrer Jungenpracht, sondern später jubeln auch etliche Verwandte und Freunde mit. Die Eltern werden mit Lobpreisungen in Hülle und Fülle, ob der elterlichen »Leistung«, vier Jungen in die Welt zu setzen, überschüttet. Um die vier Knaben wird ein großes Getue gemacht. Die Mutter darf sich Kommentare anhören wie: »Das hast du gut gemacht! Vier stramme Jungen – wie herrlich! Wie außergewöhnlich. Die vier werden sich zu tollen Männern entwickeln! Fast schon eine halbe Fußballmannschaft! Vier zukünftige Kavaliere – wie große, mächtige Eichen werden sie später um dich herumstehen und dich beschützen!«*

Ihr majestätisches Hochgefühl hält allerdings nicht lange an. Irgendwie schmeckt das Lob schal. Kein Wunder, denn schließlich zählt sie als Frau nicht zu den tollen Hechten, sondern zu den »Mädchen« und zwar zu einer Sorte Mädchen, die beileibe nicht davon überzeugt ist, dass Jungen das Nonplusultra der Schöpfung sind. Deshalb hadert sie bald mit den Jubelnden: Warum wird Jungenmüttern immer noch eine Art Verdienstorden angeheftet? Wieso sind Söhne für viele auch in unseren Zeiten die 1A-Extraklasse? Ist die Sonderbehandlung der männlichen Vertreter nicht endgültig passé?

Es mehren sich zwar die Anzeichen, dass die Mädchen auf der Beliebtheitsskala aufgeholt haben, aber dennoch bestätigen viele Jungenmütter die Erfahrung: Nicht selten ernten Söhne schon im Babyalter jede Menge Vorschusslorbeeren und bekommen von Vielen im Gegensatz zu den Mädchen immer noch Pluspunkte gutgeschrieben.

Mit dieser überholten, unzeitgemäßen Rangordnung soll nun aber Schluss sein. Fest nimmt sich diese junge Mutter vor, nicht in den üblichen Lobgesang auf das männliche Geschlecht einzustimmen, auch wenn sie sich noch so sehr an ihren Jungen freut. Egal ob Junge oder Mädchen – in ihrer Familie wird Kind einfach nur Kind sein, beschließen die Eltern. Da wird kein Unterschied zwischen Jungen und Mädchen gemacht. Sie werden ihre Söhne nicht geschlechtsspezifisch erziehen, und damit hat sich die Sache.

So einfach ist die Sache in der Praxis jedoch nicht. Denn kleine Jungen sind anders als kleine Mädchen und werden deshalb – ob bewusst oder nicht – auch anders erzogen. Im Umgang mit ihren Söhnen setzen auch diese Eltern von Anfang an andere Schwerpunkte.

Sie tun das von Beginn an, allen voreiligen Verlautbarungen zum Trotz. Die Söhne liegen noch in den Windeln, da werden sie bereits besonders aufmerksam beobachtet. Die Eltern suchen nach ersten Anzeichen kerniger Männlichkeit und ausgeprägter Andersartigkeit. Der Vater der vier sieht bereits zukünftige Kumpel in ihnen, nach dem Motto: »Fünf Männer unter sich!«

Dennoch ist die Richtung in der Erziehung klar: bloß kein zu raubeiniges Jungenverhalten tolerieren, denn Männer von altem Schrot und Korn sollen in dieser Familie nicht wieder heranwachsen. Dafür will die Mutter der vier kleinen Jungen schon sorgen. Wenigstens in den eigenen vier Wänden wird es doch wohl zu schaffen sein, die traditionelle, geschlechtsspezifische Erziehung zu vermeiden. Und das heißt: Die vier Söhne sollen sich später nicht als Herren mit Sonderrechten aufführen wie noch Opa und Uropa, die von ihren Frauen bedient und verhätschelt wurden. Das bedeutet im Alltag: Es gibt von Anfang an keine Extrawürste für die Jungen. Keine Sonderbehandlung für die Kronensöhne. Keiner muss dem Klischee vom kleinen Kavalier entsprechen, dessen Aufgabe es ist, die Weiblichkeit zu beschützen.

Diese Eltern wollen keine machtbewussten, aggressiven Typen heranziehen, die mit ihren Bestimmerallüren auftrumpfen, keine knallharten Haudegen, die ihre Muskeln spielen lassen, keine überheblichen Machos, die sich als die großen Macher ausgeben und sich vor allem in Gruppen wahnsinnig stark fühlen, keine verwöhnten Muttersöhnchen, die ewig am Rockzipfel hängen, sondern ganz andere Männer. Ihre Jungen sollen zu Männern heranwachsen,

● *die nicht nur auf ihre Kraft und scheinbare Überlegenheit pochen und dynamisch durchs Leben federn, sondern sich sensibel und einfühlsam an das Leben und andere Menschen herantasten,*

● *die nicht auf alten Vorrechten bestehen und sich weiblichen Wesen von Haus aus überlegen fühlen, sondern die Mädchen von Anfang an als gleichwertig betrachten.*

Die jungen Eltern haben genaue Vorstellungen davon, wie diese Ziele zu erreichen sind. Sie vertrauen auf ihren Erziehungsstil, der darauf abzielt, Jungen und Mädchen auf eine Stufe zu stellen und als gleichberechtigte Partner zu sehen. Optimistisch schauen sie in die Zukunft: Die Generation ihrer Söhne wird schon begreifen, dass es Sinn macht, mit weiblichen Wesen an einem Strang zu ziehen, die Kräfte zusammen in eine Waagschale zu werfen, statt sich immer wieder auseinander zu dividieren in ein Oben und ein Unten.

Die meisten Eltern sind sich ihrer Sache so sicher, weil sie davon überzeugt sind, dass sie einen Riesigeneinfluss auf die Entwicklung ihrer Kinder haben. Sie halten Erziehung schlichtweg für ein Zaubermittel. Das Kunststück, so meinen sie, wird allein darin bestehen, diese neue Erziehung richtig an den kleinen Mann zu bringen. Das kann doch nicht so schwierig sein, denken sie, in diesem Frühstadium noch bar jeder Erfahrung mit Jungen jenseits des Baby- und Kleinkindalters. Beide, Vater und Mutter, müssen die Sache nur richtig anpacken. Gelingt das, so werden sie Berge versetzen können, selbstbewusste, fröhliche Jungen heranwachsen sehen, die in Mädchen von Anfang an gleichberechtigte Partner erblicken. In ihrem Überschwang glauben sie, nur ein paar Extraknöpfe drehen zu müssen, und schon werden sich ihre Söhne zu echten Traummännern des 21. Jahrhunderts mausern, und zwar vor allem gemessen an den Maßstäben der Mutter, denn sie wird es sein, die die Kinder im Wesentlichen erzieht, weil sie häufiger zu Hause ist als der Vater der Jungen, der dank seines Berufes schnell zum Wochenendvater wird.

Eltern kümmern sich um kleine Söhne generell nicht ganz so intensiv und ausdauernd wie um kleine Töchter, haben Studien ergeben. Eine mögliche Erklärung: Sie glauben, Mädchen bräuchten mehr Fürsorge und intensiveren Schutz, da sie empfindlicher und zarter seien.

Auch haben Jungeneltern häufiger die Sorge, ihren Sohn zu verzärteln. Bloß kein verzärteltes Kerlchen aus ihm machen! Deshalb packen sie ihren Filius mitunter etwas ruppiger und härter an. Der kleine Mann wird kräftig geherzt, in die Luft geworfen und wieder aufgefangen (nicht unbedingt zum Wohl eines Babys), nach dem Motto: »Du hältst schon was aus, du bist schließlich kein zartes Zuckerbübchen!«

Psychologische Studien haben ergeben, dass Erwachsene das Verhalten eines kleinen Jungen anders deuten als das eines kleinen Mädchens: So klingt das Weinen eines männlichen Babys, das sich erschreckt hat, in ihren Ohren eher nach Ärger und Wut, das eines weiblichen Babys eher nach Angst.

Die Angst vor starken Jungen

Besonders unsichere, ängstliche Eltern neigen dazu, ihren Spross mit Argusaugen zu beobachten – nicht nur liebevoll und begeistert, sondern bisweilen auch skeptisch, nach dem Motto: »Himmel, ein Junge – was haben wir uns damit bloß aufgeladen? Und was damit noch auf uns zukommen wird!«

Besonders die sanfteren, zaudernden Gemüter unter den Müttern, manche vielleicht enttäuscht von den Männern, sehen bisweilen bänglich in die Zukunft: »Noch ist der kleine Spatz ja süß. Aber später?« Diese Frauen fürchten, dass ihr Sohn zu einem raubeinigen Burschen, lebhaft, ungezügelt und kein bisschen brav, heranwachsen könnte oder zu einem rücksichtslosen Ellenbogenmenschen. In manchem Kopf spukt bereits die Vorstellung vom niedlichen kleinen Kerlchen, das sich bald zu einem regelrechten Kindergartenschreck mausern wird – zu einem kleinen Rabauken, der mit seinen Kollegen nur Blödsinn macht. Oder der sich zu einem lausigen Schulhofrüpel, einem Rohling entwickeln wird, der Mädchen anpflaumt. Oder zu einem Flegel, der in der Straßenbahn alte Damen anrempelt.

Negative Erwartungen haben leider nicht selten die Eigenschaft, in Erfüllung zu gehen. Denn wer ein solches Misstrauen spürt, gibt sich unbewusst oft alle Mühe, diesbezügliche Vorstellungen auch zu erfüllen. Deshalb sollten sich Erwachsene verbieten, in ihrem kleinen Wonneproppen gleich einen zukünftigen, grobschlächtigen Haudegen zu sehen – einen Typen der Art, der anderen das Leben schwer macht.

»Aus meinem Sohn muss ein tüchtiger Kerl werden!«

Natürlich gilt auch das Umgekehrte: Weniger ängstliche Eltern, vor allem resolute Väter, sind oft überglücklich, dass mit dem Baby ein neuer Mann ins Haus gekommen ist. Sie können es kaum erwarten, dass der Sohnemann endlich aus den Windeln und auf die Füße kommt, um dann gemeinsam mit dem Vater ein Abenteuerleben zu beginnen. In ihrer Fantasie malen sie sich die Zukunft bereits in den buntesten Farben aus und träumen von gemeinsamen Angeltouren und endlosen Gesprächen am Lagerfeuer, von riskanten Kletterpartien im Gebirge und lautstarken Fußballvergnügen – lauter Puzzlestücke, althergebrachte Muster eines Männerlebens.

Alles darf der Sohn werden, nur kein zimperliches Kerlchen, denn mit verzärtelten Jungen hat sein Vater nichts im Sinn. Deswegen wird der Sohnemann zum Beispiel trotz nasskalten Wetters in seine Karre gepackt und zu einer Spazierfahrt verdonnert.

Im Umgang mit einer kleinen Tochter würde mancher Vater wahrscheinlich weitaus fürsorglicher und behutsamer sein als mit dem Sohn.

Oft ist für einen Vater alten Kalibers kaum vorstellbar, dass sich sein Filius auch zu einem sanftmütigen, zaudernden Knaben entwickeln könnte, zu einem Bücherwurm gänzlich ohne sportliche Ambitionen zum Beispiel, oder zu einem verspielten Träumer. Solche Gedanken passen einfach nicht in sein Bild. Deshalb heißt seine Devise: Weg damit. Das wird nicht geschehen.

Entwickelt sich das Baby dann wirklich zu einem weinerlichen Jungen, der zart ist und anfällig für Krankheiten, dann wird gerne darüber hinweggesehen, denn das darf einfach nicht sein. Mancher Vater hält lange und eisern an seinen Vorstellungen fest und versucht, sie mit Macht durchzusetzen:

- Er wirbelt seinen kleinen Sohn schwungvoll durch die Lüfte, wirft ihn hoch, fängt ihn auf – auch wenn das Kind dies überhaupt nicht als Vergnügen empfinden kann, aus verschreckten Augen in die Welt schaut und weint.
- Er setzt seinen Filius, der gerade erst Laufen gelernt hat, schon auf die Spielplatzrutsche in der Annahme, er müsse Vergnügen daran haben, sich wagemutig in die Tiefe zu stürzen, und übersieht, dass dem Jungen längst vor Angst die Unterlippe zittert.

Enttäuschung macht sich breit, wenn der kleine Sohn schreit, nicht mitspielt und sich nicht gleich als ganzer Kerl erweist. Auch ohne Worte spürt der Sohn diese Enttäuschung – und das kann die Beziehung zwischen Vater und Sohn von Beginn an belasten.

Gesichter sind ein Spiegel für das Baby

Durch seine Bezugspersonen lernt ein Baby, sich ein Bild seiner selbst zu machen. Die Reaktionen der Umwelt auf sein Tun und Treiben, die Gesichter, die sich über sein Bettchen beugen, sind für ein kleines Kind ein Spiegel, in den es schaut und in dem es sich mit der Zeit selbst erkennen kann.

- Gibt sich der Vater griesgrämig, weil der kleine Sohn bei den ersten Mutproben heult statt begeistert zu strahlen, dann liest der Junge diese Enttäuschung auf dem Gesicht des Vaters ab.
- Schauen die Eltern ihren Sohn ängstlich an, weil sie schon einen zukünftigen Raufbold in ihm sehen, dann entdeckt der kleine Sohn diese Skepsis in ihren Gesichtszügen.

Versuchen die Erwachsenen, ihre Mimik dauernd zu kontrollieren, um ihrem Kind solche ersten, bitteren Erfahrungen zu ersparen, dann wird daraus nur ein Krampf. Besser: Nicht bei jeder Kleinigkeit, die schief läuft, gleich mit Anspannung reagieren, sondern das Positive im Alltag an erster Stelle sehen und nicht das Negative. Wie viel angenehmer für einen kleinen Jungen, wenn er Freude, Begeisterung an den Gesichtern seiner Vertrauten ablesen kann und die Botschaft: »Wir sind froh, dass es dich gibt! Bleib wie du bist! Wir lieben dich!«

Nicht nur das Baby braucht seinen Eltern als Spiegel, sondern auch umgekehrt gilt: Der kleine Sohn zeigt seinen noch unerfahrenen Eltern, was er von den Faxen, die sie machen, hält.

- Er quietscht vor Vergnügen, wenn Papa ihn kitzelt.
- Er guckt neugierig, wenn Mama ihn nachdenklich anschaut.

Väter, die unsicher im Umgang mit ihrem Sohn sind, können viel dazulernen, wenn sie das Baby einfach beobachten.

- Wann geht das unbewusste Lächeln in ein bewusstes über?
- Wann fremdelt der kleine Kerl zum ersten Mal?

Erstes näheres Kennenlernen

■ Der Papa hat seinen Sohn Felix noch nicht allzu oft zu Gesicht bekommen, weil er in der Anfangsphase mit Kind einfach nicht viel zu Hause sein konnte. Termine, Termine – der Beruf ließ ihm keine andere Wahl.

Jetzt hat sich der Papa den Fuß gebrochen und liegt ziemlich unbeweglich auf dem Sofa herum. Das ist eine wunderbare Gelegenheit, den kleinen Felix, gerade ein paar Wochen alt, näher kennen zu lernen, behauptet die Mutter und nutzt die Zeit, um selbst mehr unterwegs zu sein. Das Baby legt sie dem Papa auf den Bauch und ruft im Verschwinden: »Ihr kommt schon miteinander klar! Ich bin bald zurück!« Vater und Sohn haben also endlich Zeit füreinander. Nachdem er seine erste Scheu überwunden hat, merkt der junge Vater, dass er kein großes Kasperletheater veranstalten muss, um Felix bei Laune zu halten. Es reicht, möglichst entspannt in den Kissen zu liegen und einfach zuzuschauen, was der Kleine macht. Er schmatzt. Er guckt. Er niest. Nach einer Weile macht der Vater mit: Schmatzt. Guckt. Niest. Dann übernimmt er die Führung: Schnalzt mit der Zunge. Kräuselt die Nase. Macht Felix mit? Nach diesem gemeinsamen Stündchen ist dem Papa klar, dass er keine Kunststücke vollbringen muss, um bei seinem Sohn anzukommen. Es reicht, sich auf ihn einzulassen.

Jungen – Müttern nicht so vertraut wie Mädchen

Eine Jungenmutter freut sich meist darüber, einen Sohn großzuziehen. Statt des Sohnes lieber eine Tochter? Keine Frage für sie. Was soll schon groß anders, schwieriger sein mit einem Jungen, denkt sie in ihrem ersten freudigen Überschwang. Während sie ihren kleinen Sohn badet und wickelt, stillt und mit ihm schmust, kommen ihr aber bisweilen doch Fragen in den Sinn, etwa wie:

- Wie sind Jungen eigentlich?
- Muss ich nicht doch auf sein Jungensein besonders eingehen?
- Was ist zwischen Sohn und Mutter eigentlich anders als zwischen Tochter und Mutter?
- Spielt der Vater eine besondere Rolle?
- Kann ich mich in einen Jungen und seine Wünsche überhaupt gut einfühlen?

Ein Quäntchen Unsicherheit stellt sich häufig bei solchen Überlegungen ein – das Gefühl, als mangele es ihr vielleicht doch am rechten Einfühlungsvermögen in die Belange eines Jungen – eines werdenden Mannes. Woher soll sie als Frau Erfahrungen im Umgang mit einem Jungen haben? Sicherlich kann es von Vorteil sein, dass sie mit Brüdern aufgewachsen ist – aber die einst gesammelten Erfahrungen sind längst Vergangenheit. Davon kann sie heute kaum mehr profitieren. Trotz aller Freude über den munteren kleinen Sohn nistet sich manchmal doch insgeheim der Gedanke ein, dass ihr ein kleines Mädchen vertrauter sein würde – einfach seelenverwandter.

Im Umgang mit einer Tochter kann eine Frau auf ihre eigenen Lebenserfahrungen zurückgreifen, denn schließlich war sie selbst lange genug ein kleines Mädchen und kennt sich bestens aus mit den Gefühlen, Hoffnungen, Sehnsüchten und Enttäuschungen eines weiblichen Wesens. Aber sich in einen kleinen Jungen einfühlen? Keine Ahnung, ob dieses Kerlchen die gleichen Gefühle und Bedürfnisse hat wie eine weibliche Altersgenossin ...

Natürlich sind jeder Mutter auch Jungen nicht fremd. Schließlich hat sie sich mit ihren Brüdern gezankt, mit Kindergartenfreunden die Welt erobert und mit Jungs aus der Schule das Leben ausprobiert. Später hat sie ein paar Liebhaber gehabt. Und der Vater ihres Kindes ist ihr mehr als

> ### Wenn leichte Unlust mitschwingt
>
> ■ Die Mutter des Einjährigen ist mit Schwestern aufgewachsen und fühlt sich im Kreis ihrer Freundinnen besonders zu Hause. Sie genießt die große Vertrautheit, die in der Weibergesellschaft herrscht. Eigentlich stört es sie nicht besonders, dass ihr Mann geschäftlich viel unterwegs ist, denn seine Begeisterung für Fußball und Hobbykeller teilt sie nicht, und wenn er nicht zu Hause ist, hat sie mehr Freiraum. Kann sich den Tag nach ihrem Gusto einteilen.
>
> Wenn sie ihren kleinen Sohn betrachtet, fühlt sie manchmal eine leise Enttäuschung: Mit einer Tochter wüsste ich mehr anzufangen als mit einem Sohn! Manchmal neckt sie ihn: »Dass du mir nicht zu so einem Fußballer und Hobbybastler heranwächst! Einer von der Sorte Mann wie dein Vater!« Ob der Junge spürt, dass sie Vorbehalte hat?

vertraut. Außerdem kennt sie noch etliche Helden aus Romanen – aus Büchern, die sie verschlungen hat, oder aus Filmen, die sie in- und auswendig kennt.

Um das Stückchen Fremdheit zu überwinden, das bleibt, kramt manche Jungenmutter in ihren Erinnerungen: Längst vergessene Bauklotzschlachten und Autorennen im Kinderzimmer mit den ersten Freunden kommen ihr wieder in den Sinn oder die wilden Jungenkeilereien auf dem Schulhof oder die sagenhaften Angebertouren der Burschen zu Pubertätszeiten. Aber trotz allem weiß sie wenig über die besonderen Lebenserfahrungen, die ein Junge sammelt, über seine Gedanken und Gefühle, denn ihre Jungenseelen haben die Brüder und Freunde nicht unbedingt vor ihr ausgebreitet.

Anders, wesentlich vertrauter ging und geht sie dagegen mit ihren Freundinnen um: Die dicksten Geheimnisse hat sie mit ihnen geteilt. Selbst deren nicht ganz so hell ausgeleuchteten Seelenwinkel sind ihr irgendwie bekannt. Die Folge: Wenn sie ein Mädchen vor sich hat, weiß sie ziemlich gut Bescheid. Im Umgang mit Mädchen befindet sie sich auf sicherem Terrain, denn schließlich sind ihr nicht nur ihre Freundinnen vertraut, sondern auch sie selbst.

Der Sohn bekommt eine Puppe

■ *Der acht Monate alte Junge – er macht gerade seine ersten Krabbelversuche – verlangt nach Bewegung und Spielzeug. Seine Mutter, die sich fest vorgenommen hat, den Sohn nicht nur mit typischem Jungenspielzeug zu beglücken, sondern seinen Horizont mit Hilfe von typischem Mädchenspielzeug zu erweitern, holt eine rosa Schlenkerpuppe aus weichem Stoff mit aufgesticktem Gesicht aus dem Schrank: Jetzt ist der rechte Augenblick, dem Knaben die Puppe schmackhaft zu machen.*

Zuerst legt sie den Sohn auf den Teppich. Dann in einiger Entfernung von ihm die Puppe auf den Boden und gleich nebenan ein blaues Miniholzauto. Mal gucken, was passiert.

Der Junge setzt sich wirklich in Bewegung und krabbelt zielstrebig auf das Auto zu. Er grabscht danach. Strahlend präsentiert er dann den Schatz, den er erobert hat. Kann ja Zufall sein. Seine Mutter wiederholt das Spiel. Ersetzt die Puppe durch einen Teddy und das blaue durch ein grünes Auto. Das Ergebnis bleibt gleich. Der Junge würdigt den Teddy keines Blickes. Auch nach etlichen Krabbelversuchen lässt er Puppe oder Teddy weiter links liegen.

Enttäuscht gibt die Mutter das Spiel auf. Zufall? Oder Absicht?

Die rosa Schlenkerpuppe und der Teddy werden dem Jungen später mit in sein Bett gegeben und fristen dort wochenlang ein kümmerliches Dasein. Beide werden kaum beachtet.

Dass sie verhältnismäßig wenig über das Innenleben eines Jungen weiß, fällt mancher Mutter vor allem auf, wenn sie ihren Sohn fasziniert bei seinen ersten Spielen betrachtet und sich fragt:

- »Wieso pfeffert der Junge den Plüschhasen, den ich ihm mit besten pädagogischen Absichten in sein Bettchen gelegt habe, ohne ihn nur eines Blickes zu würdigen, gleich in die Ecke? Macht das jeder Junge so oder nur unser Sohn?«
- »Wieso zeigt der kleine Bursche schon im Babyalter vor allem Interesse an Autos – an allem, was Räder hat? Haben alle Jungen diese Vorliebe?«

Mutterfreuden – oft gepaart mit Unsicherheit?

Was empfindet eine Jungenmutter, wenn ihr kleiner Sohn strampelnd vor ihr auf dem Wickeltisch liegt oder wenn sie ihn in ihren Armen wiegt?

Manche Mutter berichtet, dass sie mit ihrer Tochter von Beginn an entspannter umging als mit ihrem Sohn. Nicht nur, weil ihr die Tochter einfach vertrauter war, sondern weil sie im Leben dieses kleinen Mädchens auch eine Art Fortsetzung der eigenen Biographie sah. Was aus ihrem eigenen Leben würde sich bei ihrer Tochter wiederholen? Die Freude an der Farbe Rosa und am Tuschbilder malen? Die Aufregung um die ersten Seidenstrümpfe und Schuhe mit hohen Absätzen? Das Bauchkribbeln in Erwartung des ersten Kusses? Die Zweifel an der eigenen Schönheit und die Versuche, das Aussehen mit knallrotem Lippenstift aufzumotzen? Es stimmt schon: Nicht zuletzt weil sie sich hier auf vertrautem Terrain bewegt, behandelt manche Mutter ihre kleine Tochter mit besonderer Zärtlichkeit und Zuneigung.

Im Verhältnis zwischen Mutter und Sohn wird es diese besonderen Gedankenspiele, diese gemeinsamen Gefühlsbäder und die damit verbundene enge Vertrautheit so nicht geben. Deshalb bleibt oft der Hauch von Distanz.

Aber ist diese intensive Vertrautheit dank der Identifikation der Mutter mit ihrem Kind wirklich immer ein Gewinn für beide? Nicht unbedingt, denn wenn sich Mutter und Kind, eng miteinander verbunden, als Einheit begreifen, dann fällt es ihnen schwer, diese enge Verbindung auf Dauer wieder zu lockern. Bisweilen gerät leicht in Vergessenheit, dass ein Kind frühzeitig lernen sollte, Schritt für Schritt selbständig zu werden. Eine zu enge Mutter-Kind-Bindung kann ein Hindernis auf dem Weg in die Selbständigkeit sein. Sie verzögert die ersten Schritte des Kindes weg von zu Hause.

Ist die Verbindung zwischen beiden dagegen lockerer, bleiben dem Nachwuchs mehr Freiheiten.

Diese Freiheiten kann ein Junge in der Regel eher genießen, weil er einfach mehr Abstand zu seiner Mutter hat als ein Mädchen. Dadurch fällt es ihm später vielleicht leichter, selbständig zu werden und eigene Wege zu gehen. Und gleichzeitig wird seine Mutter geringere Probleme haben, ihn ziehen zu lassen.

Wachsen in einer Familie mehrere Söhne auf, wird die Mutter häufig gefragt, ob sie nicht eine schwierige Position zu Hause habe – als Frau allein auf weiter Flur. Viele Jungenmütter sehen keine besonderen Probleme. Sie meinen:

- Es ist ungewohnt, als Frau lauter »Männer« um sich zu haben, aber man gewöhnt sich bald daran.
- Es ist besonders reizvoll, ja spannend, mehrere Kinder eines Geschlechts aufwachsen zu sehen und mitzuerleben, wie unterschiedlich Jungen sein können. Keiner ist wie der andere.

- Es ist eine Freude mitzuerleben, wie die Söhne zu einer Gemeinschaft zusammenwachsen und aus Geschwistern auch Freunde werden.

Viele Eltern glauben, dass Brüder unkomplizierter miteinander umgehen als Schwestern, dass unter ihnen Gefühle wie Eifersucht oder Missgunst eine geringere Rolle spielen.

- Es ist praktisch, mehrere Jungen großzuziehen: Einer kann die Klamotten vom jeweils nächstgrößeren Bruder auftragen und das Spielzeug weiterbenutzen. Jungen sind in dieser Hinsicht eher unkompliziert.

Jungen wollen keine Zöpfe tragen

■ *Im Nachbarhaus wächst ein kleines Mädchen auf, ein Jahr alt. Wenn die Kleine im Garten über den Rasen wackelt, schaut ihre Nachbarin, die drei Söhne hat und die andere Hälfte des Hauses bewohnt, ab und zu sehnsüchtig über die Hecke: Süß sieht die Kleine aus in ihrer weißen Bluse und den rosa Jeans. Bisweilen denkt sie dann an Laila, ihre erste Puppe mit echtem langem Blondhaar und himmelblauen Glasaugen. Wie oft hat sie Laila an- und ausgezogen, in Minifaltenröcke gesteckt und karierte Blüschen. Heute noch erinnert sie sich, dass sie ihrer Puppe gerne weiße Söckchen und dunkelblaue Lackschuhe anzog – Schätze, die sie selbst nie besaß. Und rosa Schleifen hat sie der Puppe ins Haar gebunden. Und lange Zöpfe aus dem Haar geflochten. Eigentlich träumt sie nicht von einer Puppe, sondern von einer kleinen Tochter, der sie Minifaltenröcke, karierte Blüschen, weiße Söckchen und dunkelblaue Lackschuhe anziehen könnte. Ob diese Tochter auch langes Blondhaar hätte und himmelblaue Augen? Gut, dass ich keine Tochter habe, denkt die Mutter nach einer Weile. Die Versuchung, aus ihr eine Prinzessin zu machen, wäre ziemlich groß. Weil sie keine Fantasiebilder von Jungen im Kopf hat, verschont sie ihre Söhne weitgehend mit derartigen Ver-*

> *schönerungsträumen. Sie dürfen bleiben, wie sie sind, schlicht und praktisch gewandet. Und wenn es doch einmal passiert, dass sie die blonden Kurzhaare ihrer Söhne mal etwas länger bürstet, dann blitzen die Jungen sie schon wütend an. »Ich lass euch ja schon in Ruhe!«, besänftigt sie ihre Sprösslinge.*

Den Sohn mit Affenliebe erdrücken

Viele Babys werden mit Liebe regelrecht überschüttet. Sie sollen es zu Hause gut haben. Seitdem ihr kleiner Sohn auf der Welt ist, hat manche Mutter nur noch Augen für ihn, während der Vater des Jungen ziemlich abgemeldet ist. Mit einer Affenliebe hängt sie an ihrem Sohn und lässt ihm keine andere Chance, als ein Muttersöhnchen zu werden. In der Praxis heißt das: Sie setzt ihn auf einen Thron. Macht einen Prinzen aus ihm: ihren Kronensohn. Sie verwöhnt ihn jahrelang nach Strich und Faden. Räumt ihm sämtliche Hindernisse aus dem Weg. Umsorgt ihn perfekt und bewacht jeden seiner Schritte.

In dieser übertriebenen Fürsorge gefangen, besteht für einen Jungen kaum eine Möglichkeit, unabhängig und selbständig zu werden. Diese Abhängigkeit wird sich negativ auf seine Entwicklung auswirken, denn hängt ein Junge lange Jahre und besonders intensiv an seiner Mutter, ergeben sich daraus fast immer besondere Probleme. Ist ein Junge mit Liebe und Zuwendung überversorgt, dann trennt er sich nur schwer, häufig sehr spät von seiner Mutter und trauert ihrer allumfassenden Fürsorge ein Leben lang nach. Als erwachsener Mann wird er wahrscheinlich Schwierigkeiten damit haben, eine Partnerin zu finden, die seine hohen Erwartungen erfüllt. Er tut sich schwer, sich auf eine feste Bindung einzulassen, da seine Mutter nach wie vor seine wichtigste Bezugsperson ist. Im Geheimen erwartet manch überbehüteter Sohn später von seiner Frau, dass sie auch die Rolle der liebevollen Mutter übernimmt, und das heißt: dass sie ihn rund um die Uhr bestens versorgt und ihm vor allem sämtliche Belastungen vom Hals hält. Weil sich heute kaum noch eine Frau auf diese Rolle einlassen mag, sind damit die Probleme vorprogrammiert.

Eine zu enge Beziehung zwischen Mutter und Sohn belastet das Vater-Sohn-Verhältnis außerdem nicht unerheblich. Ist er an sich schon erstaunt darüber, wie viel Raum das Baby im gemeinsamen Leben einnimmt, reagiert manch junger Vater erst recht verstört, wenn dieses Baby von seiner Mutter mit einem Übermaß an Zärtlichkeit und Zuwendung verwöhnt wird, und fragt sich genervt: »Und wo bleibe ich mit meinen Bedürfnissen?« Nicht selten ist plötzlich von Eifersucht auf das Baby die Rede – vor allem dann, wenn dieses Baby ein Sohn ist. Manchmal wird hier der Anfang für eine lebenslange Rivalität zwischen Vater und Sohn gesetzt. Deshalb ist es wichtig, dass eine Mutter gegensteuert, wenn sich erste Anzeichen von Eifersucht und Rivalität zeigen.

Wenn der Sohn zum Ersatzpartner wird

Nicht selten soll der Sohn bei seiner Mutter sogar den Partner ersetzen. Das bedeutet: Weil sich der Vater nicht als Traummann bewährt hat, soll der Junge dieses Defizit wenigstens teilweise ausgleichen. Er wird zum Schmusebär erklärt, ist schon im Babyalter Objekt für die Streicheleinheiten, nach denen sich seine Mutter sehnt. Weil sie enttäuscht ist von ihrem Partner, soll der Sohn in Zukunft alles besser machen. So werden wunderbare Zukunftsträume gesponnen: Er wird mich nicht allein lassen, wird mir immer zuhören, mit mir reden. Er wird mich wahrnehmen und verwöhnen – ganze Romane und alle natürlich mit Happyend spulen sich im Kopf ab. Wer sie ausbrütet, macht sich nicht klar, wie sehr er mit diesen Erwartungen den kleinen Sohn schon jetzt überfordert. Obwohl es noch in den Windeln liegt, spürt das Baby den Druck bereits, den seine Mutter unbewusst auf ihn ausübt, und die Anspannung, die gleichzeitig in der Luft liegt. Es fühlt sich damit schnell unwohl.

Wie der Vater, so der Sohn?

Ist die Beziehung zwischen Mutter und Vater disharmonisch und angespannt, hat der Sohn darunter nicht selten besonders zu leiden, vor allem dann, wenn er seinem Vater ähnelt. Denn manchmal ist der Junge nicht Empfänger der bedingungslosen Mutterliebe, sondern umgekehrt: Die Mutter überträgt ihren Frust auf den Sohn. Er bekommt stellvertretend die Aggressionen zu spüren, die eigentlich seinem Vater gelten:

- Ist der Kleine unruhig, will von morgens bis abends beschäftigt werden und wehrt sich energisch gegen den täglichen Mittagsschlaf, dann wird er schon mal angeraunzt: »Immer auf Trab – ein Unruhegeist wie sein Vater! Das hat mir gerade noch zu meinem Glück gefehlt!«
- Schläft der Junge nachts nicht durch und holt seine Mutter mit Geschrei alle naselang aus dem Schlaf, bekommt er von ihr zu hören: »Dein Vater braucht seinen Schlaf, damit er morgen wieder fit ist. Dass ich auch meinen Schlaf brauche, das interessiert hier keine Seele. Typische Männergesellschaft. Jeder kümmert sich nur um sich selbst!«

Das kleine Kind spürt in diesem Fall nur die Wut und die Anspannung, unter der seine Mutter steht, wenn sie ihn schon wieder beruhigen, herumtragen, wickeln und füttern muss. Es kann sich keinen Reim darauf machen, warum sie so gestresst ist. Dauert dieses seltsame Spiel an, dann glaubt mancher Junge schließlich, er sei die Ursache des Desasters, habe Schuld daran, dass sich seine Mami so mies fühlt. Häufen sich die Konflikte, kann daraus Angst vor Liebesverlust entstehen. Der Junge ist sich der Liebe seiner Mutter nicht mehr sicher.

- Quengelt der kleine Sohn ausdauernd, weil er sich nicht wohl fühlt, reagiert die Mutter mit einem gereizten »launisch wie sein Papa!« auf sein Genörgel. Wie soll der kleine Mann dann begreifen, dass sie zwar meckert, aber Sohn und Mann dennoch liebt? Und wie soll er widersprüchliche Zeichen und Bilder verstehen? An Papa wird einerseits kein gutes Haar gelassen, aber andererseits wird er morgens mit Küsschen verabschiedet, wenn er ins Büro geht.

Bei einem kleinen Kind können solche seltsamen Botschaften und Reaktionen Angst und tiefe Verunsicherung auslösen. Es kann sich auf diese Erfahrungen keinen Reim machen.

Dem Sohn bitte viele Freiheiten lassen

Nimmt eine Mutter ihren Sohn zu stark in Besitz, soll er ihre Bedürfnisse nach Zärtlichkeit, später auch nach Schutz und Geborgenheit befriedigen, dann wird sich der Junge kaum zu einem selbstbestimmten, fröhlichen und unabhängigen jungen Mann entwickeln können, denn eine zu einnehmende Mutter nimmt ihm die Luft, frei zu atmen. Sie erstickt ihn mit ihrer Liebe.

Dass eine Mutter in ihren Sohn vernarrt ist, wenn er rosig und proper, wunderbar nach Baby duftend in ihren Armen schlummert, ist nicht nur normal, sondern dazu ein wunderbares Geschenk der Natur. So eine Liebe hat aber ihre natürlichen Grenzen – nämlich da, wo es in erster Linie um die Erfüllung der eigenen Wünsche geht und nicht mehr um die Befriedigung der kindlichen Bedürfnisse.

Um ein entspanntes Klima in der Familie zu schaffen, um den Sohn zu entlasten, sollten Mütter und Väter ihre Vorstellungen und ihr Verhalten möglichst selbstkritisch überprüfen, damit sie frühzeitig merken, wenn das Baby zu stark der Befriedigung eigener Bedürfnisse dient. Der ehrliche Blick in den Spiegel, eine nüchterne Selbsteinschätzung – kein geringer Anspruch an Eltern, aber häufig ausgesprochen hilfreich.

Jungen brauchen Liebe – aber im richtigen Maß

Im Umgang mit dem Sohn zählt nicht die Frage »Was brauche ich? Was wünsche ich mir von ihm?«, sondern wichtiger ist die Überlegung »Was braucht mein Sohn, um sich zu einem in sich ruhenden, fröhlichen Menschen zu entwickeln?«

Das wichtigste Bedürfnis eines jeden Kindes ist das nach Liebe. Nach Sicherheit. Nach Halt und Geborgenheit. Egal, ob kleiner Junge oder kleines Mädchen – jedes Menschenkind will immer neu erfahren, dass es wahrgenommen und geliebt wird. Gehen Eltern auf dieses Bedürfnis ein, dann geben sie ihrem Kind eine gute Grundlage mit.

Wenn Väter nicht gern schmusen

Den kleinen Sohn fest in die Arme nehmen und ordentlich drücken? Ihn abküssen und in den Armen wiegen? Zärtliche Fürsorge war in früheren Zeiten bei Vätern nicht gerade üblich. Schnell hieß es dann: »Wie kannst du den Jungen nur so verwöhnen?« Das Kind darf nicht verweichlicht werden, lautete die Devise. Von Anfang an wurde ein kleiner Junge auf die Härten des Lebens getrimmt, und das bedeutete, dass er nur wenig Zärtlichkeit und Zuwendung erfuhr.

Nahm die Mutter ihren kleinen Liebling zärtlich in die Arme, kuschelte sie mit ihm, strich ihm sanft über das Köpfchen, war es für den Vater generationenlang fast ein Tabu, auch nur mit weicher Stimme mit dem Sohn zu sprechen. Den Jungen streicheln, mit ihm schmusen, ihn auf den Schoß nehmen? Einfach undenkbar. Man wollte aus dem Sohn schließlich einen richtigen Mann machen.

Glücklicherweise hat sich hier einiges verändert. Eltern wissen heute, dass ihr Sohn viel Zärtlichkeit braucht – von Mutter und Vater. Streicheln bedeutet: »Ich liebe dich. Ich genieße deine Wärme und Nähe. Ich freue mich, dass du bei mir bist!« Aber wider besseres Wissen fällt es auch in unseren Zeiten manchem Vater noch schwer, mit seinem kleinen Sohn zu schmusen. Die Angst, ihn zu verzärteln, steckt immer noch in seinem Kopf. Aber es lohnt, diese Scheu zu überwinden!

Und wie soll die Erziehung aussehen?

Im Alltag mit ihrem Kind stellen sich Eltern immer wieder die Frage: »Ist die Gesellschaft, die Familie verantwortlich für die Rolle, die Männer und Frauen im Laufe ihres Lebens übernehmen, oder ist unser Verhalten – also auch die geschlechtstypischen Eigenschaften – genetisch festgelegt und durch Hormone gesteuert?«

Erfahrene Mütter und Väter wissen aus der Praxis, dass beide Möglichkeiten zutreffen. Denn sie erleben, dass sie ihr Kind beeinflussen können, dass dieses aber gleichzeitig spezifische Merkmale im Verhalten aufweist, die fest in seiner Persönlichkeit verankert und gegen Erziehungsversuche total resistent sind. Die Entwicklung eines Kindes zu steuern ist also nur in beschränktem Maß möglich. Dazu kommt: Die Kinder haben bei ihrer Entwicklung auch ein Wörtchen mitzureden. Sie werden frühzeitig selbst aktiv. Wählen ihre Interessen, ihre Vorbilder, ihre Freunde. Darauf haben Eltern meist wenig Einfluss.

Mütter und Väter möchten ihre eigenen Vorstellungen bei der Kindererziehung möglichst verwirklichen – trotz aller Verantwortung, die sie für das kleine Wesen tragen, nehmen sie diese Vorstellungen vielleicht manchmal zu wichtig. Viele wollen ihrem Kind möglichst von Anfang an ihren eigenen Stempel aufdrücken und frühzeitig darauf hinwirken, dass ihre Erwartungen erfüllt werden – zum Beispiel im Bezug darauf, was ein »richtiger« Junge oder ein »echtes« Mädchen zu tun und zu lassen hat.

Gerade wer sich seiner Sache sicher ist, neigt dazu, seinem Kind gleich ein fertiges Erziehungskonzept nach dem Motto »So hast du zu sein und so nicht!« überzustülpen und es damit wieder in eine Schublade zu stecken, statt die Entwicklung des kleinen Sohnes oder der Tochter erst einmal in Ruhe zu beobachten, um dann das eigene Verhalten auf die Persönlichkeit des Nachwuchses abzustimmen.

Das wichtigste Gebot: die Persönlichkeit achten

Haben Eltern an erster Stelle ihre Erziehungsideale im Sinn, die sie unbedingt erreichen möchten, und erst an zweiter Stelle ihr Kind in seiner Einzigartigkeit im Blick, dann geraten sie schnell in eine Sackgasse. Denn Kinder lassen sich nichts aufpfropfen und sie lassen sich ebensowenig nach den Ideen der Erwachsenen verbiegen. Sie wehren sich, und das heißt in der Praxis: Sie machen Probleme.

Aus dieser Sackgasse können Eltern wieder herausfinden, wenn sie ihr Kind anschauen und anhören, sich auf den Knirps einlassen und sich mit ihm auseinander setzen statt vor allem ihre eigene Erwartungen zu pflegen und auf ihrer Meinung zu beharren.

Wer sein Kind wahrnimmt, seine Eigenarten respektiert und schätzt, dem fällt es leicht, es so zu achten, wie es ist – ganz egal, ob es sich wie ein »typischer« Junge verhält oder wie ein ganz »untypischer«. Ziel kann deshalb nicht sein, einem kleinen Jungen statt der alten »Männerrolle« eine neue anzudienen, denn das hieße nur, vom Regen in die Traufe zu kommen, sondern Ziel sollte es sein, das Kind, seine Wünsche und Fähigkeiten, wahrzunehmen und zu respektieren und zwar vom ersten Lebenstag an.

Sich dem Baby einfach anvertrauen

Gleich nach der Geburt ihres Söhnchens erleben manche Eltern eine Überraschung, denn erstaunlicherweise lernt der Filius nicht von ihnen die erste Lektion, wie er das Leben anzupacken hat, sondern häufig gilt genau das Umgekehrte: Vater und Mutter lernen diese erste Lektion von ihrem Baby, denn der kleine Sohn wird, kaum auf der Welt, umgehend aktiv und gestaltet die Beziehung zu seinen Eltern entscheidend mit. (Auch wenn sich ein Sohn in der Regel nicht ganz so aktiv ans Werk macht wie eine Tochter. Mädchen sind fixer und interessierter an Kontakt als Jungen.)

Neugeborene sind keine unfertigen Menschlein

Einst, und das ist noch gar nicht so lange her, glaubte man, ein Neugeborenes sei ein noch unfertiges Menschlein, vor allem gesteuert durch Reflexe und Triebe – ein Wesen mit noch ausgesprochen begrenzten Fähigkeiten, seine Umwelt wahrzunehmen. Inzwischen weiß man, dass ein gerade geborenes Baby durchaus nicht so unfertig ist wie bislang angenommen. Es ist kein »zerbrechliches, hilfloses Bündel«, kein »rührendes, niedliches Etwas«, kein Anhängsel seiner Mutter, sondern ein eigenständiger Mensch, der viel mehr kann als auf den ersten Blick sichtbar.

So bringt ein Neugeborenes zum Beispiel die erstaunliche Fähigkeit mit, Kontakt zu anderen aufzunehmen und eine Menge von dem mitzubekommen, was ihm andere mitteilen möchten. Meist geht die Initiative zu einem »Gespräch« sogar von dem Winzling aus: Er schaut seine Eltern mit großen Augen aufmerksam an, so tief und fest, dass Mutter und Vater ihm ebenfalls in die Augen schauen und lächeln. Oft lassen sich die Eltern von ihrem Baby also an die Hand nehmen und durch die ersten Gespräche ohne Worte führen. Es zeigt ihnen mit Hilfe seiner Mimik und Gestik, was es von ihnen erwartet. Übrigens gelten weibliche Säuglinge als besonders sozial – daran abzulesen, dass sie sich wesentlich interessierter an diesen ersten »Gesprächen« mit ihren Bezugspersonen zeigen. Sie schauen Mami oder Papi länger in die Augen, reagieren häufig intensiver auf Umweltreize als ein männlicher Altersgenosse.

Gerade erst auf die Welt gekommen, nimmt ein Baby also gleich die Fäden in die Hand und vermittelt seinen Eltern das nötige Grundwissen. Wer sich mit ganzem Herzen auf sein neugeborenes Kind einlässt, nimmt die Welt mit seinen Augen wahr. Alles ist neu und aufregend. So klein der Säugling noch ist, erlebt er sich doch schon als Mitgestalter seines Lebens. Seine Botschaft heißt: Ich wirke von Beginn an daran mit, dass alles in die Richtung läuft, die meiner Entwicklung gut tut.

Fazit: Jedes einzelne Kind bringt seinen Eltern auf seine ganz eigene Art und Weise bei, welche Ansprüche es an das Leben hat und welch besonderes Wesen es ist: kostbar, einmalig und unverwechselbar – so wie alle Kinder von Beginn ihres Lebens an einmalig sind, jedes kleine Wesen schon eine Persönlichkeit, von Anfang an ein eigener Typ.

Bereits der erste Blick in weise, neugierige Babyaugen überzeugt Eltern davon, ein kleines Individuum vor sich zu haben, eben kein »unbeschriebenes Blatt«, das erst durch Erziehung zu einem »richtigen« Kind gemacht wird. Ein Neugeborenes bringt bereits viele Fähigkeiten mit auf die Welt – auch besondere Jungen- oder Mädchenfähigkeiten, auch typische, durch ihr Geschlecht geprägte Verhaltensweisen.

Wer sein Kind in seiner Individualität wahrnimmt, lernt frühzeitig, dass Erziehung nicht nur bedeuten kann: »Ich gebe meine Vorstellungen weiter«, sondern vor allem heißen muss:

- Ich stelle mich auf mein Kind ein.
- Ich habe es im Blick und begleite es.
- Ich berücksichtige seinen Entwicklungsstand und seine Bedürfnisse, unterstütze es und setze mich mit ihm auseinander.

Respektieren Mutter und Vater ihr Kind in seiner Einzigartigkeit, dann kann ein fruchtbarer Dialog beginnen, der sich ein Leben lang fortsetzt:

- Die Eltern fördern ihr Kind, damit es selbständig wird und lernt, sich in die Gesellschaft zu integrieren.
- Das Kind fördert umgekehrt seine Eltern, damit sie von seinem Können profitieren und lernen, dass ihre Erwachsenenwelt nicht die einzig wahre ist.

Voraussetzung für einen fruchtbaren Dialog ist, dass die Erwachsenen immer wieder geduldig und aufmerksam auf ihr Kind schauen und hören, denn nur so können sie wahrnehmen, wie es ihnen beizubringen versucht, dass zwischen Groß und Klein vor allem von der Liebe die Rede sein sollte. In der Babyzeit wird der Grundstein für diese lebenslange Beziehung zwischen Eltern und Kind gelegt.

Vor allem auf die Wünsche des Kindes eingehen?

Die von uns Erwachsenen ausgebrüteten Vorstellungen und Erwartungen sollten in der Anfangszeit mit Baby erst einmal an die hintere Stelle rücken, damit die Bedürfnisse des Kindes an erster Stelle stehen können. Denn um zu einem sensiblen, gesprächsbereiten, redefreudigen, fairen und vor allem einfühlsamen Menschen heranwachsen zu können, der sein Leben Schritt für Schritt selbst in die Hand nimmt, braucht jedes Baby besonders aufmerksame, zärtliche, warmherzige Eltern, die sich für seine Belange engagieren. Bemühen sich die Erwachsenen, den Willen ihres Kindes anzuerkennen, seine Persönlichkeit zu respektieren (das muss nicht bedeuten, dass sie es heillos verwöhnen und ihm jeden Wunsch erfüllen), dann fördern sie seine Entwicklung sicherlich optimal.

Die nahe liegende Frage noch unerfahrener Mütter und Väter heißt an diesem Punkt meistens: »Wie weit können oder sollen wir Eltern auf die Wünsche, die unser kleiner Sohn mit Hilfe seiner Mimik und Gestik, seines Weinens und Lächelns äußert, eingehen?«

Mit wachsender Erfahrung gelingt es den meisten, vor allem ihrem Gefühl zu vertrauen. Langsam sicherer im Umgang mit ihrem Kind geworden, lassen sie sich zunehmend von ihrer Intuition leiten und liegen damit meistens auch richtig. Die Vorstellung, den kleinen Sohn zu einer bestimmten Sorte Mensch formen zu wollen, etwa zu einem der neuen Männer des 21. Jahrhunderts, rückt damit erst einmal in den Hintergrund.

Bloß nicht nach Formel XYZ erziehen

Junge Eltern begreifen schnell, dass jeder Mensch, und sei er noch so klein, ein Recht darauf hat, in seiner Individualität wahrgenommen und respektiert zu werden. Kein Kind, egal ob kleiner Junge oder kleines Mädchen, passt in eine Schablone. Niemand mag sich nach Formel XYZ entwickeln. Jeder kleine Mensch ist zuerst einmal Franz oder Fritz, Clara oder Susi und dann erst Junge oder Mädchen. Wer die Gelegenheit hat, öfter Babys zu beobachten, wird bald wahrnehmen, dass es von Geburt an große Unterschiede gibt. Da sind:

● Babys, die neugierig in die Welt gucken und sich mit aller Kraft daranmachen, sie zu entdecken,

● Babys, die schläfrig die Welt noch auf Abstand halten und das Leben langsam angehen.

Wer seinen Sohn aufmerksam im Blick hat, wer seine Entwicklung interessiert begleitet, sie fördert und fest davon überzeugt ist, seinen Sprössling genau zu kennen, kann dennoch erstaunliche Überraschungen erleben, denn Kind bleibt nicht Kind. Egal ob Junge oder Mädchen, jedes Kind verändert sich laufend. So kann aus dem wilden Kerlchen,

Erst Sensibelchen, dann Draufgänger

■ *Im Babyalter galt der Junge in seiner Familie als kleines Sensibelchen. »Gar kein echter Junge!«, sagte der Opa über den Enkel, und dabei schwang ein Hauch von Enttäuschung mit.*

Zweijährig, gerade ins Trotzalter gekommen, verwandelt sich das lammfromme Schäfchen auf einmal in einen ruppigen Spielplatzschreck, dessen Lieblingsbeschäftigung im Sandkasten darin besteht, Mädchen an den Haaren zu ziehen oder den Ellenbogen in die Seite zu hauen. Der Opa staunt nicht schlecht über die Wandlung und hütet sich, von echten Jungen zu schwärmen. Die Mutter des kleinen Rabauken sehnt sich nach den alten Zeiten, als der Kleine noch ein Sensibelchen war.

das seine Eltern zu Babyzeiten monatelang in Atem gehalten hat, im Alter von einem Jahr plötzlich ein ganz »untypischer«, zartbesaiteter Knabe werden oder aus einem schüchternen Kleinkind, das immer an Mamis Rockzipfel hing, in kürzester Zeit ein cooler Junge.

Sparsam mit Verboten umgehen

Nach dem ersten Geburtstag erweitert sich der Radius eines Kindes: Das Laufenlernen ist geschafft. Bald rennt das Kind im Affentempo durchs Zimmer – froh, endlich mobil zu sein. Jetzt ist nichts mehr vor ihm sicher. Diese Entwicklungsphase ist für Eltern eine faszinierende Zeit – gleichermaßen beglückend und beunruhigend:

- Einerseits freuen sie sich an ihrem lebhaften Sprössling, lassen sich von seiner guten Laune und Begeisterung für die Dinge des Lebens anstecken. Er zeigt ihnen, wie spannend der Alltag ist, untersucht den Fernseher und die Geschirrspülmaschine. Und wenn die Waschmaschine schleudert, schaut der Junge interessiert zu, was sich hinter der Scheibe tut.
- Andererseits beginnen jetzt höllische Zeiten, denn die Eltern müssen nicht nur die Wohnung kindersicher machen, sondern den Kleinen trotz aller Sicherheitsschlösser und Sicherheitsgitter permanent im Auge behalten, denn seine Kreativität sprengt manches Schloss und manches Gitter. So versucht er sämtliche Fenster zu öffnen, sich über das Treppengeländer zu hängen, auf die Straße zu laufen.

Manche Kinder lassen sich durch ein lautes »Halt« schnell stoppen, andere nicht, und dazu zählen vor allem viele Jungen.

Sie sind besonders unternehmungslustig und begierig darauf, eigene Erfahrungen zu sammeln – sind oft ausgefuchste Draufgänger, viel interessierter an wagemutigen Eroberungstouren als kleine Mädchen, die meist vorsichtiger schalten und walten. Sie steigen ohne jede Vorsicht steile, enge Steintreppen hinauf und hinunter. Klettern beherzt auf Tische und Bänke. Stürzen sich ohne zu zögern von hohen Rutschen in die Tiefe.

Stoppen die Erwachsenen solch ein stürmisches Kind sofort in vorauseilender Sorge mit einem »Du tust dir gleich weh!«, dann bremsen sie das Kind aus. Manches reagiert darauf sehr empfindlich. Darf ein Abenteurer nie tun, was er will, dann wehrt er sich; er wird sauer, auf Dauer vielleicht richtig aggressiv.

Besser als ein übervorsichtiges Eingreifen: dem Eroberer möglichst weit gehend erlauben, seine Experimente zu wagen – natürlich noch mit einem diskret wachsamen Beobachter im Hintergrund. Man sollte seinen Mut loben. Seine Courage bewundern. Ein Kind, das bei seinen Exkursionen auch mal schlechte Erfahrungen sammelt, sich ein paar harmlose Beulen und kleine Schrammen einhandeln darf, wird aus Schaden langsam klug – klüger als seine überbehüteten Kollegen. In der Regel lernt es bald, vorsichtiger zu sein und gut auf sich aufzupassen – nicht nur auf sich selbst zu achten, sondern auch auf die Dinge, die es umgeben.

Auf das »Halt!« und »Stopp!« der Erwachsenen reagiert ein ungestümer Junge nur dann nachhaltig, wenn er genau weiß: Mutter und Vater pfeifen mich nicht unnötig zurück, sondern setzen mir nur dann eine Grenze, wenn es wirklich sein muss. Darauf kann ich vertrauen.

Aber natürlich gibt es die Ausnahmen von der Regel: Manche Jungen, Mädchen seltener, lernen nicht so bald, vorsichtiger zu sein, und das ist in erster Linie genetisch be-

dingt. Unter den unbelehrbaren Draufgängern gibt es zwei verschiedene Typen:
- Erstens die Jungen, die einfach keine Antenne für Gefahren zu haben scheinen. Sie kennen keine Umsicht, kein Zögern, wenn sich eine Gefahr andeutet, sondern stürmen los, ohne nach rechts und links zu sehen. Sie besitzen nicht diesen Instinkt, der sie warnt, wenn ihre Situation heikel wird.
- Zweitens die wahren Abenteurer, die klar ein Ziel vor Augen haben, das sie erreichen wollen. Nichts anderes zählt. Sie sehen zwar Gefahren auf sich zukommen, scheuen sie aber nicht und lassen sich von einem Verbot nicht aufhalten. In ihrem Ungestüm wollen sie die Welt aus den Angeln heben. Kein Gedanke daran, dabei vorsichtig vorzugehen!

Viele Mütter und Väter sind unsicher, wann sie eingreifen müssen, wann nicht. Es ist ganz klar, dass ängstliche Gemüter dazu neigen, frühzeitig »Bleib hier!« zu brüllen, wenn ihr Kind losstürmt, während die Gelasseneren sich eher in Langmut üben können. Hierzu ein paar Tipps:
- Ausgeruhte Kinder sind weniger gefährdet als müde, die nicht mehr mit voller Aufmerksamkeit bei der Sache sind.
- Geübte Kinder geraten seltener in Gefahr. Wer die gefährliche Steintreppe schon x-mal unbeschadet bewältigt hat, weiß, dass er hier aufpassen muss.

Für Jungeneltern besteht das Kunststück darin, im ersten Jahr eine gute Basis zu schaffen, unvoreingenommen auf ihren Sohn einzugehen, um seine Entwicklung so zu fördern, dass er auf Dauer die Chance mit auf den Weg bekommt, selbst herauszufinden, wie er wirklich ist. Stehen Eltern dauernd kritisch beobachtend im Hintergrund, messen sie ihren Sprössling immer am Können anderer, erreichen sie mit dieser Haltung oft das Gegenteil von dem, was sie erreichen möchten: Ihr Sohn verschließt sich, anstatt den so beispielhaften Jungen nachzueifern. Weil er keine Lust hat, immer mit anderen verglichen zu werden, zieht er sich zurück.

JUNGEN
IM VORSCHULALTER

Aus dem Baby ist ein lebhafter kleiner Junge geworden, der täglich seinen Radius erweitert, der immer häufiger auf Altersgenossen trifft und erste Gruppenerfahrungen im Kindergarten sammelt. Jungen haben es heute nicht leicht, ihre Rolle außerhalb der Familie zu finden. Sind sie eher sensibel und sanft, werden sie besonders gut mit den Mädchen auskommen. Andere wiederum verhalten sich draufgängerisch und tollkühn, oft nicht zuletzt deshalb, damit die Jungen sie in ihre Mannschaft aufnehmen und die Väter zufrieden mit ihnen sind. Den sehr unterschiedlichen Vorstellungen, mit denen sie immer wieder konfrontiert werden, gerecht zu werden, fällt vielen schwer. Deshalb brauchen sie heute besonders viel Unterstützung durch ihre Eltern, um schließlich ihre eigene Identität finden und zu einem selbstsicheren Menschen heranwachsen zu können.

Die besonderen Merkmale in dieser Phase

Die biologische Uhr von Jungen tickt auch in dieser Phase noch langsamer. Schon bei ihrer Geburt sind sie in ihrer Entwicklung meist unreifer als Mädchen, und das bleibt auch in den folgenden Jahren so – abzulesen auch daran, dass die Pubertät bei einem Jungen etwa anderthalb Jahre später beginnen wird als bei Mädchen.

Immer in Bewegung und auf Achse

Im Vorschulalter sitzt kaum ein Junge gerne still. Deshalb ist die Sehnsucht nach Gesellschaft oft groß, obwohl sich kleine Jungen gerne erst einmal in Zurückhaltung üben, wenn Altersgenossen aufkreuzen. Sie mögen nicht gleich auf andere zugehen. Am liebsten spielt ein kleiner Mann mit großen Burschen.

Trifft er auf einen Freund, dann will er mit ihm sicherlich nicht brav in Bilderbüchern blättern und mit ihm reden (wie das die Mädchen tun, die sich gerne Geschichten erzählen), sondern will sich mit ihm messen. Kräfte messen heißt das Lieblingsspiel. Am liebsten beim Balgen. Dabei lautet die Frage immer: Wer gewinnt? Wer liegt oben und wer unten? Und sitzen die Buben doch einmal still – zum Beispiel vor dem Fernseher oder Computer, dann rennen sie anschließend umso wilder durch die Wohnung, schlittern über den Flur und klettern auf das Sofa. Die Freude am Toben ist ein Zeichen blühender Gesundheit. Die Jungs sind fidel und munter.

Wenn die Lust am Toben frühzeitig vergeht

Aber längst nicht jeder Junge tobt quicklebendig durchs Leben. Mancher klinkt sich beim Toben schon im Vorschulalter aus. Er verliert frühzeitig die Freude an der Bewegung, an sinnlichen Erfahrungen, bevor der Spaß an der Sache richtig begonnen hat, und das kann verschiedene Gründe haben:

- Erstens: Er wird zu Hause dauernd gebremst. »Nicht so laut, sonst bekommen wir Ärger mit den Nachbarn!« und »Nicht so wild herumtoben, ich muss mich ausruhen und möchte das jetzt nicht haben!«, heißt es dann vielleicht.
- Zweitens: Mancher Knirps hockt oft stundenlang vor dem Fernseher oder Computer, hat hier neue Welten entdeckt und dabei das »richtige« Spielen, und das heißt, Initiative entwickeln, die eigene Kreativität entdecken, mit den Händen zupacken, fast schon verlernt.
- Drittens: Es mangelt an Spielplätzen, an Höfen und Parks. In den Städten hat mancher kaum noch Möglichkeiten, sich richtig auszutoben, über Hecken und Zäune zu gehen, auf Bäume zu klettern, die eigenen Kräfte zu erproben, Mut zu entwickeln.

Bei den Erstklässlern werden immer häufiger gesundheitliche Störungen wie zum Beispiel Haltungsschäden diagnostiziert.

Jahr für Jahr erscheint eine neue Horrormeldung über Untersuchungen, die darauf hinweisen, dass es den ABC-Schützen zunehmend an motorischen Fähigkeiten mangelt: Sie laufen langsamer, springen kaum noch und gelten als ziemlich schlapp. Wie können Eltern die Bewegungslust ihres Sohnes wecken?

- Sie können sein Selbstbewusstsein stärken, denn wer sich seiner selbst sicher ist, ist damit auch mutiger. Eltern sollten Vertrauen in die Fähigkeiten des Kindes zeigen. Ihm vermitteln, dass es in Ordnung ist: »Bleib so, wie du bist!« Seine Stärken sehen und loben. Ihm das Gefühl vermitteln, dass seine Eltern immer für es da sind.
- Sie sollten für viel Bewegung sorgen. Jedes Kind muss sich frei und natürlich bewegen können, damit es sicherer in seinen motorischen Fähigkeiten wird. Es muss klettern lernen, Mut entwickeln, lernen, Gefahren einzuschätzen. Wer gehemmt ist und deshalb laufend Misserfolge in Kauf nehmen muss, traut sich bald gar nichts mehr zu und ist wenig belastbar. Oder aber er reagiert aus Angst und Unsicherheit aggressiv – dazu neigt manch kleiner Junge besonders.
- Nicht in Watte packen! Ein Kind braucht von klein auf die Möglichkeit, draußen herumzutoben, um seine überschüssigen Kräfte loszuwerden. Es muss sich auch mal wehtun dürfen, ein paar Kratzer einsammeln und lernen, Strapazen wegzustecken. Ein gewisses Maß an Abhärtung tut jedem Kind gut. Und verweichlichte Kinder haben es oft schwer im Kindergarten und in der Schule, auch bei vielen Müttern und Vätern.

Auch im Kindergartenalter noch besonders sensibel

Struwwelhaare, rote Backen vor Anstrengung – ein Junge im Kindergartenalter wirkt meistens, wenn er nicht zu den oben beschriebenen Schlaffis zählt, robust, richtig knuffig und stabil. Da geht es rauf auf die Schaukel, runter von der Schaukel, ab auf die Rutsche. Wer manchen Dreikäsehoch auf dem Spielplatz beobachtet, kommt nicht auf die Idee, ein besonders sensibles Wesen vor sich zu haben – oft viel empfindsamer als ein kleines Mädchen vergleichbaren Alters. Weil ein Junge normalerweise viel in Bewegung ist und einen eher kräftigen Eindruck macht, übersieht manche Mutter, mancher Vater leicht, dass ihr kleiner Sohn mit einer besonders zarten Seele ausgestattet ist. Um das zu merken, müssen sie genau hinschauen, denn ein Junge lernt bisweilen früh, seine Empfindsamkeit zu verbergen.

Untersuchungen belegen, dass ein Junge trotz seiner Lebhaftigkeit etwa bis zum neunten Lebensjahr ängstlicher, unsicherer und weinerlicher als ein gleichaltriges Mädchen ist – jedenfalls statistisch gesehen. Psychologische Untersuchungen haben ergeben, dass viele Jungen auch in dieser Entwicklungsphase Frust und Ärger nur schlecht wegstecken, so wie auch schon zu Babyzeiten. Ein kleiner Bursche hat große Schwierigkeiten damit, sich allein über Ärger und Kummer hinwegzutrösten. Er nörgelt oder weint gerne, bis Mami kommt und ihn von seinem Jammer erlöst. Dieses besonders ausgeprägte Bedürfnis nach Zuwendung wird ihm auch in den kommenden Jahren bleiben.

Gehen die Erwachsenen auf die Bedürfnisse ihres Sohnes nach Zuwendung und Zärtlichkeit ein und wird dem Jungen ausreichend Trost gewährt, dann gerät die angespannte Seelenlage bald wieder ins Lot, und er verwandelt sich wieder in ein wildes Kerlchen – viel auf Achse und immer auf der Suche nach neuen Aktivitäten.

Was geben Eltern ihrem Sohn mit?

Weil ein kleiner Junge meist recht lebhaft ist, hält er auch einiges aus – so die gängige Meinung. Er braucht keinen extra Schonraum und muss nicht mit Samthandschuhen angefasst werden, sondern verträgt durchaus eine etwas rauere Behandlung. Die tut ihm nur gut! Dieser Ansicht sind auch heute noch viele Eltern, aus verschiedenen Gründen:

● Die einen halten einen quirligen, fidelen Knirps für ein richtiges Raubein, das auch hart im Nehmen ist. Wer sich so gerne durchs Leben knufft und pufft, wer wie ein Derwisch durch die Wohnung tanzt und locker Grobheiten an andere austeilt, der kann auch einstecken und muss nicht gerade behutsam angefasst werden.

● Die anderen schauen nicht unbedingt auf das Kind, das sie vor sich haben, sondern in die Zukunft. Sie haben das alte Männerbild vor Augen und den Vorsatz gefasst, die Erziehung des kleinen Burschen danach auszurichten. Zu einem handfesten Kerl soll er heranwachsen, der Durchsetzungsvermögen und Härte zeigt. Er darf nur nicht zu einem Weichei, zu einem zimperlichen, empfindsamen Muttersöhnchen erzogen werden! Ihre Vorstellungen orientieren sich an überlieferten Klischees und Sprüchen wie: Ein Junge kennt keinen Schmerz. Ein Junge muss die Zähne zusammenbeißen und sich die Tränen verkneifen, wenn er sich mies fühlt. Ein Junge muss frühzeitig lernen, ein ganzer Mann zu sein, und was aushalten können. Kurz: Er muss das Zeug zum Helden alter Prägung haben.

Wenn Mutter und Vater nicht an einem Strang ziehen

Ein Kind will sich orientieren, es braucht jemanden, der ihm zeigt, wo's lang geht – normalerweise die Eltern. Was, wenn die Vorstellungen von Mutter und Vater nicht übereinstimmen? In diesem Fall wird es schwierig für einen Sohn, die Richtung zu erkennen. Ein Beispiel:

● Die Mutter möchte ihren Sohn zu einem mitfühlenden, umsichtigen Menschen erziehen.

● Der Vater will aus dem Jungen einen durchsetzungsfähigen, tüchtigen Erfolgsmenschen machen.

Obwohl Mutter und Vater unterschiedlicher Meinung sind, wird in manchen Familien kaum über Erziehung geredet. Selbst wenn darüber nicht gesprochen wird, kennt der Nachwuchs die Einstellung seiner Eltern doch. Trotzdem fällt es ihm nicht leicht, sich zu orientieren, wenn die Eltern unterschiedliche Signale aussenden. Woran soll man sich dann halten?

Im Vorschulalter orientiert sich ein Junge meistens eher an der Mama, weil Mutter und Sohn noch sehr eng verbunden sind. Außerdem verbringen sie, vor allem wenn die Mutter nicht oder nicht voll berufstätig ist, viel Zeit miteinander.

Gegen Ende des Kindergartenalters sehnt sich ein Junge zunehmend nach seinem Vater. An ihm will er sich jetzt orientieren. Nun holt der Vater auf und wird als Bezugsperson zunehmend wichtig für seinen Sohn.

Selbst wenn er in der Familie eine wichtige Rolle spielt, bleibt mancher Vater fast unsichtbar. Denn Väter, egal, ob sie mit Mutter und Kind zusammen leben oder nicht, kämpfen seltener darum, ihre Meinung in puncto Erziehung durchzusetzen als Mütter. Viele ziehen sich lieber zurück, als sich damit auseinander zu setzen. Sie resignieren, überlassen der Partnerin die Kindererziehung schließlich ganz oder benutzen die Meinungsverschiedenheiten, um sich zu Hause weitgehend auszuklinken mit der Begründung: »Die Mama bestimmt ja sowieso, was zu tun und zu lassen ist!« Die Folge eines solchen Rückzugs: Die Partnerin übernimmt die Kindererziehung dann wirklich ganz – mehr oder weniger freiwillig.

Für einen kleinen Jungen bedeutet das: Der Vater taucht zu Hause nur als Randfigur auf, Zentrum allen Schaltens und Waltens ist eindeutig die Mutter. Sie bestimmt, wie der Laden zu laufen hat, und bleibt damit die dominante Figur in seinem Leben.

Zieht sich der Vater zurück, bezieht er nur selten Stellung zu den üblichen Familienproblemen und beteiligt sich kaum an der Suche nach Lösungen für diese Schwierigkeiten, und ist er zudem häufig abwesend, dann hinterlässt er eine deutliche Lücke – spürbar für alle Familienmitglieder, besonders spürbar für den Sohn, der sich, je älter er wird, desto intensiver nach einer männlichen Bezugsperson, sehnt – nach einem Vater, der anwesend ist und zu Hause mehr tut, als nur sich auszuruhen. Sein Wunsch ist eindeutig: Der Vater soll präsent sein. (Und wenn ein Vater nicht parat steht, dann soll ihn wenigstens ein erwachsener, männlicher Freund ersetzen.) Präsent sein heißt: Er soll sich einbringen, soll engagiert sein für alles, was mit dem Jungen zu tun hat. (Um Missverständnissen vorzubeugen: Damit ist nicht gemeint, dass er immer daheim anwesend sein soll.)

Geht dieser Traum von einer männlichen Bezugsperson nicht in Erfüllung, bleibt bei manchem Jungen das Gefühl zurück, ewig zu kurz gekommen zu sein.

Was ist ein guter Vater?

Ein Junge braucht seinen Vater oder einen Ersatzvater dringend, denn Männer haben eine andere Art, das Leben anzupacken, als Frauen, und diese Art will jeder Junge kennen lernen. Männer gelten, vor allem nach eigenem Urteil, als pragmatischer, unkomplizierter, unbekümmerter als Frauen. Mit dieser Art haben Frauen nicht selten ihre Probleme.

Mancher Vater rechtfertigt sich, versucht zu erklären, dass er mit seinem Sprössling nicht weniger verantwortungsvoll umgeht, sondern nur anders. Er setzt andere Schwerpunkte in der Betreuung. Die Verständigung mit der Mutter des Kindes fällt hier oft schwer. Die unterschiedlichen Standpunkte führen nicht selten zu Spannungen.

Den Vater machen lassen – warum ist das so schwierig?

■ *Der Vater und sein vierjähriger Sohn Florian ziehen allein gen Spielplatz. Die Mutter des Jungen sieht ihnen besorgt nach, denn sie weiß genau, dass der Vater Florian nicht in ihrem Sinne beaufsichtigen wird. Garantiert wird er den kleinen Burschen allein auf dem Klettergerüst herumkraxeln lassen, denn er baut auf die Geschicklichkeit seines Sohnes und hat keine Angst, ihn auf dem Gerüst seine Erfahrungen sammeln zu lassen.*

Weil sie ängstlicheren Gemütes ist, bezeichnet Florians Mutter die größere Gelassenheit und Lockerheit ihres Mannes gerne als Nachlässigkeit und spricht ihm die Fähigkeit ab, verantwortungsvoll mit dem Jungen umzugehen. »Der reine Blödsinn!«, wehrt sich der Vater des Jungen. »Ich sorge mich natürlich um das Wohl meines Kindes – aber auf meine Art!« Misstrauisch geworden, übernimmt beim nächsten Spielplatzbesuch die Mutter wieder die Aufsicht. Kein Wunder, dass dem Vater die Lust zu weiterem Engagement vergeht!

Viele Männer wollen heute gute Väter sein: zu Hause präsent und sich um ihr Kind kümmernd, genau wie es sich auch der Sohn wünscht.

Um das Ziel zu erreichen, müssen sie sich nicht zu einer Ersatzmutter mausern, im weiblichen Fahrwasser segeln und genau das tun, was eine Mutter macht: Singen, Bilderbücher anschauen, Kinderzimmer aufräumen, Gespräche über Gott und die Welt führen.

Männer haben in der Familie ihre eigenen Aufgaben und Vorlieben, und die heißen zum Beispiel: den Sohn zu Mutproben ermuntern, mit ihm im Wald herumstreunen, gemeinsam im Hobbykeller wurschteln, mit ihm Männergespräche führen.

Um seinem Sohn ein guter Vater zu sein, muss ein Mann

nicht gleich seinen Job an den Nagel hängen, um rund um die Uhr zur Verfügung zu stehen. Wichtig ist allerdings, dass er seiner Familie ausreichend Zeit schenkt, denn wer permanent verplant und unterwegs ist, kann keine gute Beziehung zu seinem Sohn aufbauen. Dann fehlt einfach die Basis.

Nicht nur über Sachliches, sondern auch über Persönliches reden

Mit Mädchen wird von Anfang an mehr geredet – auch über Gefühle. Zwischen Müttern und Töchtern findet meistens ein reger Austausch statt nach der Art: »Es hat mich so gefreut, als …!« Oder: »Ich habe unheimlich darunter gelitten und mich ganz mies und klein gefühlt, weil …!«

Inzwischen haben Mütter gelernt, auch mit Söhnen häufiger über Gefühle und Empfindungen zu sprechen. Ihre Motivation: Die Jungen sollen mehr Gefühl für sich selbst und die Empfindungen anderer entwickeln und so zu einfühlsamen und rücksichtsvollen Menschen werden.

Natürlich erwarten viele Mütter, dass sich die Väter an diesen Gesprächen beteiligen – häufig vergebens. Warum spielen die Männer ungern mit?

- Langweiliges Larifari – viele Männer halten Gespräche über das werte Befinden für überflüssig und Zeitverschwendung. Das ist nichts für sie. Und nichts für ihre Söhne.
- Rätselhafte Vorgänge – vielen Männern sind solche Gespräche einfach fremd. Sie reden lieber über Handfestes: über Computer, über Zeitungsmeldungen oder über Nachbars Katze.

Nicht wenige Männer mögen sich auf diese Gefühlsebene gar nicht erst begeben, weil sie – aus ihrer Sicht – in Nebel geraten und keinen festen Boden mehr unter den Füßen haben. Sie finden es eher anstrengend, sich da zu orientieren.

Wenn sich Widerstand zeigt, warum sollte man dann die »Gefühlsdinge« nicht einfach den Frauen überlassen, da sich viele Männer auf diesem Terrain unsicher fühlen und nicht motiviert sind, ihre Einstellung wirklich zu ändern? Die Antwort: Weil der Sohn nicht nur seine Mutter, sondern vor allem seinen Vater oder einen väterlichen Freund als Gesprächspartner braucht – gerade jetzt und gerade auch in privaten Dingen, auf der emotionalen Ebene.

Eine Tochter kann bei ihrer Mutter das Verständnis und auch den Rückhalt finden, nach dem sie sich sehnt und den sie benötigt, um sich selbst besser kennen zu lernen. Schaut sie in Mamas Gesicht, findet sie sich selbst und ihre Gefühle teilweise darin wieder:

- Zum Beispiel zeichnet sich auf ihrem Gesicht die gleiche Neugier auf Mädchengeschichten ab,
- die gleiche Freude an Verkleidungsspielen,
- die gleiche Begeisterung für dasselbe Bilderbuch.

Solch eine intime Übereinstimmung der Gefühle gibt es natürlich auch zwischen Mutter und Sohn, sie kommt jedoch seltener vor, weil die Interessen häufig auseinander gehen.

Je älter ein Junge wird, desto dringender möchte er das Gesicht seines Vaters oder eines erwachsenen, männlichen Freundes vor sich haben, um sich in ihm wiederzuerkennen und zu sehen:

- Er hat das gleiche Vergnügen an der Fußballübertragung im Fernsehen,
- den gleichen Spaß an Comics,
- die gleiche Vorliebe für Blödelgeschichten,
- die gleiche Begeisterung für alles, was Räder hat.

Bleibt dieses männliche Echo aus und findet er auch bei den Frauen seiner Umgebung kein Feedback, dann fühlt sich ein kleiner Junge bisweilen ziemlich allein gelassen und unverstanden.

Und wer weiß, vielleicht bringen die Söhne, von ihren Müttern und Schwestern sensibilisiert, ihren Vätern später bei, über Gefühle und persönliche Erfahrungen zu sprechen und nicht gleich dichtzumachen, wenn das Wort privat fällt.

Lebt der Sohn in einer anderen Welt?

Ein Junge im Vorschulalter ist normalerweise ein lebhafter, quicklebendiger kleiner Kerl, ausgestattet mit einigem Temperament, mit Kraft und einer großen Begeisterung fürs Toben. Woher kommt diese Freude am Ringen, Beinchenstellen und Boxen? Mancher Mutter ist das ein Rätsel. Huldigt der Sohn gerne den aus ihrer Sicht typischen Männerbeschäftigungen wie Fußball spielen, klettern, raufen, dann hat das mit ihrer eigenen Welt in der Regel wenig zu schaffen.

Vor allem wenn sie sich eigentlich eine Tochter gewünscht hat, tut sich manche Mutter schwer mit den ihr fremden Vorlieben ihres Sohnes. Wenn er ruppig mit seinen Kindergartenfreunden umspringt, laut kreischend durch die Gänge fetzt, bekommt mancher Junge schnell den Stempel aufgedrückt: laut, wüst – ein wilder Kerl eben, der eine Menge auszuhalten scheint.

Dass ihr Sohn nicht nur wüst und lebhaft, sondern im Gegenteil gleichzeitig ein hoch empfindliches Wesen sein kann, vielleicht sogar sensibler als manches zarte Mädchen, auf den Gedanken kommt eine Mutter häufig nicht, wenn sie ihrem Sohn bei seinen wilden Spielen zuschaut. Dass unter der rauen Schale ein weicher Kern sitzt, übersehen Erwachsene gerne.

Ein Junge ist nicht nur wild und lebhaft oder nur zartbesaitet. Sein Charakter hat viele Facetten und verändert sich dazu laufend.

Nicht nur der Mutter, sondern auch dem Vater fällt es oft schwer, mit der rasanten Entwicklung des Sohnes in dieser Vorschulphase Schritt zu halten und immer wieder neu und genau hinzuschauen: Wen habe ich vor mir? Erziehen heißt vor allem: genau hinsehen. Die Entwicklung beobachtend begleiten. Ein Kind, das in all seinen Eigenarten von seinen Eltern wahrgenommen wird, muss keine Angst haben, von ihnen abgestempelt zu werden, denn es weiß: Ich werde als Individuum gesehen und geachtet.

Auch Jungen sind zärtlichkeitsbedürftig

Weil sich auch ein Dreikäsehoch groß und stark fühlt, kommt es mancher Mutter, manchem Vater im Alltag seltener in den Sinn, dieses kraftstrotzende Kerlchen auf den Schoß zu nehmen und mit ihm zu schmusen – vor allem dann, wenn sich der Junge nicht wie ein anschmiegsames Kätzchen benimmt, sondern mehr wie ein wilder Löwe. Oft vergessen sie die Zärtlichkeiten einfach, weil sie ein Full-Time-Programm zu bewältigen haben. Deshalb bleibt es beim schnellen Guten-Morgen- und eiligen Gute-Nacht-Kuss. Dass der Junge aktiv wird, sich holt, was er braucht, auf seine Eltern zuläuft, die Arme nach ihnen ausstreckt, kommt jetzt seltener vor als in den vergangenen Jahren.

Nach den warmen, kuscheligen Baby- und Kleinkindzeiten hat nun eine neue Phase begonnen. Ein Junge im Vorschulalter wirbelt durchs Leben, ist aktiv und viel beschäftigt. Er spielt. Er besucht Freunde. Er verschwindet in den Kindergarten. Er ist unterwegs. Er macht nicht den Eindruck, dass er öfter auf Mamis oder Papis Arm möchte. Schmusestunden werden von einem jungen Herrn diesen Alters außerdem gerne großspurig als Babykram abgetan.

Die Folge: Manche Eltern ziehen sich deshalb zurück und verzichten weitgehend auf Schmusespiele. »Der Junge weiß ja auch so, dass er geliebt wird!« Er sollte es aber nicht nur wissen oder ahnen, sondern auch spüren und die Liebe täglich erleben – auch als »großer« Junge noch. Durch liebevolle Blicke, die ihm nachschauen. Durch zärtliche Worte. Durch ein sanftes Streicheln über den Kopf und einen dicken Kuss. Diese zärtlichen Gesten bleiben oft ein Leben lang in Erinnerung. Jahrzehnte später weiß man noch: »Mein Vater hat mich immer im Nacken gekrault!« und »Wenn meine Mutter ihre Nasenspitze an meiner Nasenspitze rieb, war ich glücklich! Ich weiß noch, wie sich das angefühlt hat!«

Zwar will mancher Knirps gerne gleich wieder ausbüxen, wenn ihn Mami oder Papi festhalten und drücken oder wenn der Opa mit weit geöffneten Armen vor ihm steht und ruft: »Komm in meine Arme!« Aber eigentlich lässt er sich gerne wieder einfangen und knuddeln.

Dass er sich nach Zärtlichkeiten sehnt, soll aber möglichst niemand wissen. Einem Kindergartenjungen ist es schon schrecklich peinlich, vor den Augen anderer Kinder von Mami in die Arme genommen zu werden. Niemand soll sehen, dass sie ihn küsst.

Mancher Junge gibt sich betont gleichgültig in puncto Zärtlichkeiten, weil es nicht in sein Männerbild passt, schmusig zu sein. Die Kunst besteht darin, solch einen Schmusemuffel vom Gegenteil zu überzeugen und den richtigen Zeitpunkt für Zärtlichkeiten abzupassen. Gegen Abend, wenn sich Müdigkeit breit macht, ist oft der richtige Moment für eine zärtliche Stunde. Dann sind auch »harte« kleine Männer öfter in weicher Stimmung.

Eine Mutter fürchtet leicht, zu intensiv mit ihrem Sohn

zu schmusen. Deshalb ist sie unsicher: »Vielleicht mag der Junge gar nicht mehr auf meinem Schoß sitzen? Vielleicht empfindet er mich als zu aufdringlich?« Diese Zweifel sind typisch für die ängstlichen Gemüter unter den Müttern. Aber keine Bange, ein Kind zeigt, was es mag und was es ablehnt. Wer genau hinschaut, wer sich einfühlt, der merkt sofort, ob der Sohn vorsichtig abrückt oder sich wohlig in den Armen seiner Mutter entspannt. Wer die Gefühle des Kindes respektiert, kann nichts falsch machen. Dazu gehört auch zu akzeptieren, dass mancher Sohn Küsse und Streicheleinheiten von seiner Mami sehr nachdrücklich ablehnt.

Fragt man ihn, was er sein möchte, antwortet ein kleiner Knirps gerne: »Unbedingt ein Junge und keinesfalls ein Mädchen!« Und später als Vater will der junge Mann selbstverständlich nur Söhne haben. Mütter schauen bei solchen Statements leicht genervt.

Im Laufe seiner Entwicklung muss sich jeder Sohn von seiner Mutter lösen und lernen: »Ich bin anders als meine Mutter. Ich bin kein Mädchen.« Was das genau zu bedeuten hat, weiß er in diesem Alter allerdings noch nicht ganz genau.

Auch ein kleiner Junge ist schon stolz auf den kleinen Unterschied. Ein Grund liegt darin, dass der Penis früher beim Wickeln nicht nur viel Beachtung fand, sondern auch mit Kosenamen wie Pimmel oder Pillermann bedacht wurde. Diese zärtliche Behandlung wirkt lange nach.

Wenn der Sohn Mamis kleines Kuschelhäschen ist

Nicht nur kleine Kinder, sondern auch Mütter und Väter brauchen Streicheleinheiten.

Erfährt eine Frau wenig Zärtlichkeit in ihrer Beziehung oder lebt sie allein, dann holt sie sich diese Zärtlichkeit manchmal von ihrem Sohn. Noch ist der Filius klein, noch mag er mit ihr schmusen, mit ihr unter eine Decke kriechen, Bücher anschauen, fernsehen. Ein warmes, weiches Nest ist für beide ein gemütliches Vergnügen.

Ohne sich dessen bewusst zu sein, neigen einige Mütter dazu, diese gemeinsamen gemütlichen Stündchen zu übertreiben und die eigenen Wünsche nach Nähe dabei in den Vordergrund zu stellen. Ein Junge spürt mit zunehmenden Alter immer deutlicher, wenn er zum Ersatzpartner gemacht wird: Er merkt es, wenn er in erster Linie die Bedürfnisse seiner Mutter nach menschlicher Wärme erfüllen soll und seine eigenen Wünsche kaum eine Rolle spielen. Mit diesem Anspruch ist er eindeutig überfordert. Es kann nicht seine Aufgabe sein, seiner Mutter Trost zu spenden.

Vor allem eine sehr besorgte Mutter hält ihr Kind mitunter lange fest, baut die Familie oftmals zu einer Art Schutzburg aus, um ihr Kind vor Schaden zu bewahren. Sie behütet ihren Nachwuchs über alle Maßen, auch um die eigene innere Unsicherheit weniger zu spüren. Die Crux an der Sache: Ihre Ängste übertragen sich zuweilen auf ihr Kind. Es übernimmt die besorgte Haltung seiner Mutter.

Für einen Sohn ist diese übertriebene Fürsorge besonders belastend, denn ein ängstlicher Junge hat es nicht nur schwer, couragiert auf das Leben zuzugehen, sondern doppelt schwer, von seinen Spielkameraden in dieser Rolle akzeptiert zu werden. Die Freunde sind unerbittlich: Ein »Schisshase« wird leicht zum Außenseiter abgestempelt. Um das zu verhindern, versteckt ein Junge seine wahren Gefühle häufig.

Auch ein Vater ist oft unsicher, ob er mit seinem Sohn schmusen soll, wenn dieser kein Winzling mehr ist. Mit einem Baby zu schmusen fiel ihm vielleicht schon schwer. Die Hemmungen werden nicht geringer. Zu einem Jungen zärtlich zu sein ist für viele jetzt, da der Sohn größer geworden ist, erst recht ein Tabu.

Die Debatte um den Missbrauch von Kindern hat viele Eltern zusätzlich verunsichert. Mit dem Sohn schmusen – ja oder nein? Woran sollen sie sich halten?

- Der eigenen Intuition vertrauen. Die meisten Eltern spüren genau, was zum Wohle ihres Kindes ist und was nicht.
- Dem Kind vertrauen. Es zeigt seine Freude oder seinen Unwillen deutlich.

Erwachsene dürfen sich nie aufdrängen, dürfen keinen Druck ausüben mit Sprüchen wie:»Komm, sei ein lieber Junge, gib der Mami ein Küsschen!« Stattdessen sollten sie Fingerspitzengefühl beweisen. Die Arme ausstrecken, lächeln und dann das Kind entscheiden lassen: Kommst du, oder kommst du nicht?

Abgrenzen – eine Kunst, die Eltern lernen müssen

Jungeneltern müssen sich daran gewöhnen, dass der Fußboden jetzt häufiger bebt und die Türen knallen. Alles zusammen ist dies ein gutes Zeichen, das bedeutet: Der Sohn fühlt sich pudelwohl – er ist fit und freut sich seines Lebens. Sein Treiben kostet allerdings einige Nerven – weniger Nerven, wenn es gelingt, sich ab und zu abzugrenzen. Nicht nur ihr Kind muss lernen, Schritt für Schritt selbständiger zu werden, sondern auch Eltern müssen lernen, auf Abstand zu gehen. Häufiger die Tür hinter sich zuzumachen. Einmal alleine um den Block zu gehen. Ein Vater lernt diese Kunst meist eher als eine Mutter. Wird ihm das Treiben zu bunt, verschwindet er im Keller, beschäftigt sich mit einer dringenden Angelegenheit. Oder er hat plötzlich einen wichtigen Termin und verlässt eilig das Haus.

Eine Mutter hat meist größere Schwierigkeiten damit, sich von ihrem Sohn abzugrenzen. Die Gründe:

- Ihr Verantwortungsgefühl. Sie will ihren Sprössling im Auge behalten, damit ihm nichts passiert.
- Ihre Fürsorge. Sie möchte, dass sich ihr Sohn wohl fühlt, und tut alles, damit es ihm gut geht.
- Ihre Freundlichkeit. Sie will sich nicht unbeliebt bei ihrem Kind machen und greift deshalb nicht durch.

Spaß ohne Grenzen?

■ *Das Bett dient als Trampolin. Das Treppengeländer als Rutsche. Der Vierjährige ist bester Stimmung, fetzt durch die Wohnung und tobt sich nach Strich und Faden aus. Obwohl sie sich gerade hingelegt hatte, um sich kurz auszuruhen, lässt ihn seine Mutter gewähren. Sie verzichtet darauf, ihn zum Toben in den Hobbykeller zu schicken, mit der Begründung: »Der Junge braucht doch Bewegung!«*

Um der Harmonie willen neigt eine Mutter gerne dazu, die Befriedigung eigener Bedürfnisse zurückzustellen, und erfüllt zuerst die Wünsche ihres Sohnes. Wird dieses Spiel zur Gewohnheit, nimmt sie dem Sohn damit auf Dauer die Luft zum Atmen. Sie erstickt ihn mit ihrer Liebe. Ein Junge braucht mehr Freiheit, damit er sich gut entwickeln kann. Mehr Ermunterung, sich selbständig zu machen.

Die ersten Eindrücke bleiben

Die Mama ist in der Regel für den Jungen da. Darauf ist Verlass. Sie bringt ihn zum Kindergarten und holt ihn wieder ab. Sie begleitet ihn zum Spielplatz. Liest ihm vor. Sitzt an seinem Bett, wenn er krank ist. Redet mit ihm. Und wenn die Mama keine Zeit für ihn hat, wird er von der Oma, der Tagesmutter oder der Erzieherin im Kindergarten betreut.

Die Frauen, die ein Kind täglich umsorgen, prägen seine Vorstellung von Frauen ganz entscheidend:
- Die Mutter. Kocht sie zum Beispiel regelmäßig, begeistert und aufwändig, so hält es ihr Sohn wahrscheinlich für selbstverständlich, dass Frauen generell fröhlich den Kochlöffel schwingen.
- Die Tagesmutter. Ist sie lebenslustig und spontan oder oft nervös und ungeduldig? Meistens gut oder schlecht gelaunt? Auch dieser Eindruck prägt sich dauerhaft ein.
- Die Erzieherin im Kindergarten. Ist sie geduldig, gemütlich und warmherzig, dann glaubt der Junge, dass Frauen ihre Freude daran haben, Kinder liebevoll zu umsorgen.

Die Bilder dieser ersten wichtigen Frauen im Kinderleben bleiben hängen, prägen die Vorstellung eines Jungen wahrscheinlich ein Leben lang.

Für das spätere männliche Rollenverständnis des Sohnes ist entscheidend, wie seine Eltern miteinander umgehen und wie die Rechte und Pflichten in der Familie verteilt sind. Misserfolge sind vorprogrammiert, wenn Erwachsene von einem Jungen Verhaltensmuster erwarten, die in seiner Familie einfach nicht vorhanden sind, und der Vater vielleicht sogar das Gegenteil dessen vorlebt, was er von seinem Sohn verlangt.

- Rücksichtnahme – Wie soll der Sohn auf die Idee kommen, nicht nur die eigenen, sondern auch die Bedürfnisse anderer im Blick zu haben, wenn in seiner Familie jeder allein auf seinen Vorteil aus?
- Höflichkeit – Wie soll ein Junge lernen höflich zu sein, wenn sein Vater zu Hause den Brummbären spielt und ruppig mit der gesamten Familie umspringt?

Immer noch erziehen Frauen die Kinder

Ein Vater zeigt seinem Sohn, wie ein Mann denkt und fühlt, wie er sich verhält. Er kann es ihm aber nur zeigen, wenn er ausreichend Zeit mit dem Jungen verbringt. Und da liegt häufig das Problem, denn mancher Vater ist abwesend, weil er immer bis spät abends arbeitet, oder weil er seinen Hobbys nachgeht. Oder aber er hat kaum Gelegenheit seinen Sohn zu sehen, wenn er getrennt von Mutter und Kind lebt.

Ist der Vater nur selten oder gar nicht für seinen Sprössling da, wer kann die Lücke füllen, die er hinterlässt? Normalerweise die Personen, die den Jungen betreuen und erziehen, und das sind eher Frauen als Männer:

- Die Mutter. Sie verbringt jeden Tag viele Stunden mit ihrem Sohn und zeigt ihm, wie eine Frau denkt, fühlt und sich verhält. Von diesen Erfahrungen kann ein Junge nur bedingt profitieren.
- Die Erzieherin. Sie betreut den Jungen im Kindergarten. Was für die Mutter gilt, trifft auch auf sie zu: Mit ihr kann sich ein Junge nur partiell identifizieren. Sie kann nicht Vorbild für männliches Verhalten sein.

Die meisten Frauen erziehen einen Jungen heute bewusster als früher und versuchen, seine Wahrnehmung für soziale Vorgänge zu schärfen, seine Kommunikationsfähigkeit zu fördern. Diese Bemühungen werden wenig fruchten, wenn der Junge in seiner Umgebung ganz anders geartete Männer erlebt.

Wenn der Vater durch Abwesenheit glänzt

Traurig, wenn der Vater seinen Sohn nur spätabends im Tiefschlaf vorfindet oder alle vierzehn Tage zum gemeinsamen Wochenende abholt. Aber das ist oft nicht zu ändern. Nicht nur ein Kind hat Schwierigkeiten damit, auch seine Mutter leidet meist darunter, wenn sie miterlebt, dass ihrem Jungen der Vater fehlt. Vielleicht fällt es deshalb so schwer, fair mit dem Vater umzugehen und sein Bemühen oder seine Sorge um den Sohn zu sehen. Häufig spielen auch eigene Verletzungen bei der enttäuschten Partnerin mit. Die Folge: Sie bemüht sich, ihrem Sohn den Vater zu ersetzen. Stundenlang spielt sie mit ihm: lässt Autos über den Teppich kurven, nimmt zusammen mit dem Jungen Wecker auseinander oder kauft einen Werkzeugkasten – alles bestens, wenn sie wirklich Spaß daran hat. Gibt sie die Freude an derlei Beschäftigungen allerdings nur vor und spielt lustlos, trotzig und mit zusammengebissenen Zähnen mit ihm, nach dem Motto »Was ein Mann kann, kann ich schon lange!«, dann spürt ihr Sohn, auch wenn er noch so klein ist, die falschen Untertöne sofort. Das verunsichert mehr, als es hilft.

Keine Frau kann gleichzeitig Mutter und Vater sein (auch Umgekehrtes gilt). Und keine kann einem Jungen beibringen, wie er sich als Mann zu benehmen und und wie er mit seinem Bedürfnis nach Männlichkeit umzugehen hat. Wenn sie mit ihrem Sprössling redet, dann schwingen immer ihre speziell weiblichen Lebenserfahrungen mit. Um ein Gegengewicht zu schaffen, sollte sie sich um männliche Unterstützung bei der Erziehung ihres Sohnes bemühen. Vor allem die Söhne allein erziehender Mütter brauchen erwachsene Freunde, an denen sie sich orientieren können.

Wenn nicht zu Hause, wo sonst kann ein Junge im Vorschulalter Männer finden, mit denen er sich identifizieren kann, die ihm zeigen, wie ein Mann das Leben angeht und bewältigt? Wer hat das Zeug dazu, diese Rolle zu übernehmen?

● Die Großväter. Mancher Großvater eignet sich wunderbar als »Ersatzvater«, wenn er zuverlässig einspringt, nicht mit Blick auf die Uhr leben muss – kurz: Er kann ein ruhender Pol in hektischen Zeiten sein. Ein Nachteil, wenn er diese Rolle übernimmt: Der Opa ist schon älteren Semesters und hat mit dem, was einen kleinen Jungen beschäftigt, vielleicht nicht viel im Sinn. Dies macht jedoch nichts, denn Großvater und Enkel finden sehr schnell eine gemeinsame Ebene, um miteinander Spaß zu haben, und sei es nur, dass der Opa Geschichten aus seiner Kindheit zum Besten gibt.

● Die Patenonkel. Fällt der Vater als wichtige Bezugsperson aus, dann wächst dem Patenonkel eine neue Rolle zu. Er wird als Ansprechpartner gebraucht, nicht nur als »Erziehungshilfe«, sondern als Wegbereiter, als Identifikationsfigur.

Die Zeit allein mit der Mama ist kostbar

■ *Ein Fünfjähriger lebt allein mit seiner Mutter. Das Leben der beiden ist genau ausbalanciert: Morgens, wenn seine Mutter im Büro arbeitet, wird der Junge im Kindergarten, nachmittags von einer Nachbarin betreut. Kommt seine Mutter gegen Abend hundemüde nach Hause, fehlt ihr meist die Energie, jetzt noch ihrem Sohn zuliebe Verabredungen mit dem Opa oder Patenonkel zu treffen. Während der Woche fällt der Kontakt zu männlichen Freunden deshalb unter den Tisch. Häufig auch am Wochenende, denn dann wollen Mutter und Sohn ihre Zweisamkeit genießen, endlich mal ohne Blick auf die Uhr leben und am liebsten ihre Ruhe haben. Den beiden fehlt die Motivation, häufiger männliche Gesellschaft zu suchen. Der Mutter, weil sie ihre Freizeit nicht auch noch verplanen möchte. Dem Sohn, weil er die rare Zeit mit seiner Mutter verbringen will. Sie ist ihm lieb als Gesellschaft – lieber als der Opa oder der Onkel. Mit den Männern ist es nie so lustig wie mit Mama. Sie sind beide immer so ungeduldig.*

- Freunde und Nachbarn. Oft nehmen Freunde und Nachbarn der Familie die Aufgabe wahr, den Jungen in die »Männerwelt« einzuführen.
- Professionelle Betreuer. Auch außerhalb von Familie und Kindergarten kann ein Junge auf Männer treffen, die er sich zum Vorbild nehmen kann – zum Beispiel im Turnverein, in der Musikschule, beim Schwimmkurs. Je älter der Junge, desto eher wird sich die Möglichkeit ergeben, ihn in Vereinen und Kursen mit männlichen Wesen in Kontakt zu bringen. Diese Kontakte ergeben sich allerdings selten von selbst, sondern müssen hergestellt, belebt und gepflegt werden. Für allein erziehende Mütter oft ein Kraftakt, der Engagement, Kreativität, Zeit und Geld kostet. Aber der Aufwand lohnt sich.

Die Männer bitte nicht madig machen

Eine Situation, die für viele Kinder heute Realität ist: Die Eltern sind geschieden. Der Junge lebt bei der Mutter. Er vermisst seinen Vater. Er macht die bittere Erfahrung, dass die Menschen, die er täglich um sich hat – seine Tante, seine Großmutter und sogar seine Mutter – den Vater nicht schätzen, häufig sogar richtig abfällig über ihn sprechen und auf ihn schimpfen. Diese Erfahrung erschüttert sein Selbstvertrauen. Denn der Junge liebt seinen Papa nicht nur, sondern will später unbedingt so werden wie er. »Sind diese Gefühle, diese Wünsche falsch?«, fragt er sich, wenn er hört, wie Mutter, Oma und Tante über seinen Papa lästern. »Wieso sagen jetzt alle, dass mit dem Papa nicht viel los sei? Was hat er denn Böses getan?« Der Junge erinnert sich genau an die Zeiten, als der Vater noch zu Hause lebte. Jeden Abend hat er ihm eine Geschichte erzählt, und am Wochenende haben sie zu zweit den großen Einkauf erledigt. Er wünscht sich, dass der Papa wieder nach Hause kommt.

Weil heute viele Jungen allein mit Frauen zusammenleben und Männer nur als Randfiguren in ihrem Dasein auftauchen, ist es besonders fatal, wenn sie vor allem Abfälliges über Männer erfahren:

- Beim Geburtstagskaffee. Die Mutter hat Freundinnen und deren Kinder eingeladen. Die Kinder spielen mit Legosteinen in der Nähe der Erwachsenen und hören mit großen Ohren zu, wie die versammelte Frauengesellschaft über Männer herzieht. Alle Männer seien unzuverlässig, unhöflich und nicht zu gebrauchen, bekommen die Kinder zu hören.
- Beim Frauenabend. Zu Hause findet ein Fest statt. Nur Frauen sind geladen. Fühlt sich der Sohn der Gastgeberin bei der Veranstaltung unerwünscht, denn schließlich ist er ein Junge? Nur von Frauen umgeben, sehnt er sich jetzt wahrscheinlich besonders nach seinem Vater.

Manche Frauen scheinen sich nicht zu überlegen, welche Folgen diese Lästergeschichten über Männer bei ihrem Jungen, der sie aufschnappt, haben können. Solche Erzählungen können ihn eindeutig verunsichern, denn schließlich wird aus dem Jungen später einer Mann. Lernt er ganz nebenbei beim Zuhören, dass er später einer dieser unzuverlässigen, unhöflichen und nicht zu gebrauchenden Typen sein wird? Diese Erfahrung kann sicherlich nicht als Beitrag dazu dienen, einen Jungen selbstsicherer zu machen.

Auf der einen Seite spürt ein Junge die hohen Ansprüche, die seine Mutter an ihn stellt. Ein ganz anderer, ein neuer Mann soll er werden. Auf der anderen Seite bekommt er die Realität in den düstersten Farben geschildert. Die Männer werden als unfähige Versager abgestempelt. Unter diesem Druck eine eigene Identität zu finden fällt schwer.

Die engagierten Väter

Die Väter früherer Zeiten saßen am Kopf der Familientafel und strahlten Autorität aus. Kinder fühlten sich in ihrer Nähe nicht unbedingt wohl. Die Nachfolger dieser Väter nahmen ihre Söhne schon mal auf den Schoß, hatten aber nicht viel Zeit für den Nachwuchs. Der Beruf war wichtig – alles andere war wichtiger. Die autoritären Väter gibt es immer noch, wenn auch seltener, und auch die überbeschäftigten, die keine Zeit für ihre Familie haben und dauernd unterwegs sind.

Aber inzwischen nimmt die Zahl jener Väter zu, die sich trotz ihrer beruflichen Belastungen sehr wohl für ihre Kinder interessieren und auch präsent sind. Sie wissen genau, dass im Kindergarten bald das große Gartenfest ansteht. Dass der Teddy ein Auge verloren hat. Dass der Schnupfen langsam besser wird.

Diese Väter sind Weltmeister im Fußballspielen oder Fußballgucken. Grandiose Quatschmacher. Wunderbare Geschichtenerzähler. Und begeisterte Mensch-ärgere-dich-nicht-Spieler. Sie sind das reinste Glück für ihre Kinder. Für ihre Söhne sind sie genau die Vorbilder, die sie brauchen: verständnisvoll, einfühlsam, liebevoll. Es macht Freude, sich an ihnen zu orientieren. Sie zeigen: Wir haben aus den Erfahrungen unserer Kindheit gelernt. Wir wollen näher an die Familie heranrücken. Wir wünschen uns einen engen Kontakt zu unseren Kindern. Die Zahl dieser besonders engagierten Väter steigt kontinuierlich. Man trifft sie inzwischen überall. In jedem Kindergarten. Auf jedem Spielplatz. Auf jedem Elternabend. Bis jetzt sind sie in der Minderzahl, aber wer weiß, wie lange noch!

Selbständig werden – auf Abstand zur Mutter gehen

Im Kleinkindalter vergöttert ein Junge seine Mutter noch, wenn die Beziehung zwischen den beiden stimmt. Mama ist einfach die Größte und Beste. Ihre Nähe, ihre Wärme, ihre Zuwendung braucht der Sohn, um sich geborgen und sicher zu fühlen.

Mit dem Eintritt in den Kindergarten lockert sich diese enge Beziehung langsam. Denn um selbständig zu werden, muss der kleine Bursche Schritt für Schritt auf Abstand zur Mutter gehen – eine Trennung, die beiden oft schwer fällt. Glücklicherweise kommen mit dem Kindergarten spannende Erlebnisse auf den Jungen zu, die ablenken. Er entdeckt andere Mädchen und Jungen, erkundet gemeinsam mit ihnen die Welt.

Mit dem Eintritt des Kindes in den Kindergarten verändert sich häufig das Leben zu Hause. Manche Mutter fängt an, nun öfter eigene Wege zu gehen. Wenn der Sohn in den Kindergarten kommt, entschließt sich manche Frau, in ihren Beruf zurückzukehren. Kaum einer fällt es leicht, wieder zu arbeiten. Manche plagt sich mit Schuldgefühlen herum wie: »Dauernd bin ich müde oder abgehetzt und habe keine Kraft mehr für mein Kind! Und was ist, wenn es mich schmerzlich vermisst?« Oder: »Ich erlebe kaum mit, wie mein Kind groß wird! Hoffentlich macht es mir später nicht den Vorwurf, dass ich mich zu wenig um es gekümmert habe!«

Weil sie ein schlechtes Gewissen hat, neigt manche Mutter dazu, ihr Kind mit Zärtlichkeiten und Geschenken zu überschütten. Bei aller Freude fühlt sich ein kleiner Junge dabei schnell überfordert, weil er sich damit doppelt an seine Mutter gebunden fühlt, in ihrer Schuld stehend – und das gerade in der Phase, in der er die ersten Ablösungsversuche unternimmt.

Ist die Beziehung zur Mutter besonders eng, fallen die ersten Ablöseversuche natürlich schwer. Deshalb können Mutter und Sohn in dieser Phase männliche Unterstützung besonders gut gebrauchen. Steht der Vater des Kindes jetzt zur Seite, oder der Großvater, oder ein erwachsener Freund, dann fällt es dem Sohn leichter, die Beziehung zur Mutter zu lockern, weil er sich stärker an dem männlichen Vorbild orientieren und so langsam auf Abstand zur Mutter gehen kann. Das heißt aber nicht, dass die Mutter jetzt langsam ausgespielt hat. Ihre Liebe, ihre Zuwendung, ihr Engagement für den Sohn werden auch weiterhin gebraucht.

Wenn der Sohn für die Mutter sorgt

■ *Die Mutter kommt abgehetzt nach Hause, hat in dieser Woche ihre besonderen Schwierigkeiten damit, Beruf, Haushalt und Kind auf die Reihe zu bekommen. Sie bewältigt die Aufgabe kaum noch. Ihr Sohn sieht, wie erschöpft sie ist. Der Vater ist keine Hilfe, denn er ist selten zu Hause. Kein Wunder, dass der Junge einspringt und die Rolle des Beschützers und Kavaliers zu Hause übernimmt. Niemand hat ihn ausdrücklich darum gebeten, und trotzdem weiß er, dass von ihm Engagement für häusliche Belange erwartet wird. Er deckt den Tisch fürs Abendbrot. Gießt die Blumen. Er weiß, dass sich die Eltern über seinen Einsatz freuen. Um seine Mutter zu entlasten, ist der Fünfjährige ganz besonders lieb. Holt ihr etwas zu trinken. Bringt ihr einen warmen Schal. Macht ihr das gemütliche Licht an.*

Hat ein kleiner Mann dauernd das Gefühl, seiner Mutter zuliebe nicht nur besonders brav, sondern auch besonders hilfsbereit, freundlich, gut gelaunt sein zu müssen, dann kann ein Rollenspiel daraus werden. Der Sohn spielt unbewusst Theater. Beginnt, der liebe Junge zu sein, der seinen

Eltern nur Freude macht. Der den abwesenden Vater vertritt. Der den Hund füttert.

Vor allem ein Sohn hat schnell das Gefühl, für das Wohl seiner Mutter verantwortlich zu sein, und leidet unter Schuldgefühlen, wenn er nicht parat steht. Kümmert sich ein Kind vor allem darum, die Wünsche anderer zu erfüllen, verliert es sich selbst bei diesem Spiel leicht aus den Augen: Seine eigenen Bedürfnisse bleiben auf der Strecke. Das kann fatale Auswirkungen haben, denn wer vor lauter Bravsein den Eltern zuliebe einen Teil seiner Kindheit verpasst, wer in einem Korsett aus Wohlverhalten steckt, wacht irgendwann auf und holt sein Leben dann wahrscheinlich doppelt und dreifach nach oder trauert den verpassten Gelegenheiten nach.

Und wie soll die Erziehung aussehen?

Früher wurden alle Jungen weit und breit nach etwa ein und demselben Muster erzogen. Sie hatten zur Begrüßung einen Diener zu machen, während der Mahlzeiten zu schweigen, brav zu sein und ihre Pflichten zu erledigen. Dieser Erziehungsstil hatte neben vielen gravierenden Nachteilen einen Vorteil: Weil alle Jungen nach diesem Muster erzogen wurden, gab es keine großen Diskussionen unter den Eltern. Es war klar, was ein Kind zu tun und was es zu lassen hatte.

Inzwischen hat sich die Situation geändert. Heute herrscht auch in der Erziehung eine große Freiheit, und das bedeutet: Jede Familie muss ihren eigenen Stil weitgehend allein finden, muss Orientierungspunkte setzen und Werte vermitteln, die zu Hause gelten sollen. Damit fühlen sich viele überfordert. Die Folge: Die Erwachsenen setzen dem Kind keine Grenzen.

Wenn ein Junge nur die große Freiheit vor sich sieht, reagiert er schnell verunsichert – verunsicherter als ein Mädchen. Es macht ihm Angst, nicht zu wissen, wo es lang geht. Ein unsicherer Junge, der die Orientierung verloren hat, prescht los und neigt dazu, über die Stränge zu schlagen.

Erkennen Eltern, dass die große Freiheit ihren Sohn überfordert und sehen sie, wie unsicher ein kleiner Junge noch durchs Leben tappt, sollten sie versuchen, gegenzusteuern und seine Selbstsicherheit zu fördern.

Eine Möglichkeit, dem Sohn mehr Sicherheit zu vermitteln: Sie geben einen roten Faden vor, an dem er sich festhalten und orientieren kann. Sie vereinbaren Regeln, die das Familienleben bestimmen, setzen Grenzen und achten möglichst konsequent darauf, dass die Regeln beachtet werden – bei einem ungestümeren Kind umso mehr, allein um es vor Gefahren zu schützen.

Es gilt also, nicht zu streng zu sein und nicht zu locker – die Kunst besteht darin, einem Kerlchen im Kindergartenalter einerseits genug Freiheit zu lassen, andererseits konsequent auf die Einhaltung der festgelegten Regeln zu pochen. Nicht immer will es gelingen, diesen Balanceakt zu bewältigen.

Sind Buben schwieriger?

Ein unsicherer, ängstlicher Junge flippt leicht aus und schießt in seiner Verzweiflung quer. Viele Erzieherinnen klagen darüber, dass es immer schwieriger wird, die Jungen im Kindergarten unter Kontrolle zu halten. Es sind im Wesentlichen zwei Faktoren, die ihre Unsicherheit und ihre Aggressivität verstärken:

- Es fällt schwer, die eigene Rolle zu finden. Ein Junge hat heute fast mehr Schwierigkeiten, seinen festen Platz in unserer Gesellschaft zu finden, als ein Mädchen. Welche Rolle wird von ihm erwartet? Wie soll er sein – cool oder sensibel? Die Schwierigkeit, sich zu entscheiden, einen eigenen Weg zu finden, verstärkt die sowieso schon vorhandene Unsicherheit.

Auch deshalb ist es wichtig, dass Mutter und Vater ihrem Sohn immer wieder das Rückgrat stärken und ihm mit einem klaren Orientierungsrahmen Halt geben.

● Der Testosteronspiegel nimmt bei einem Jungen im Vorschulalter vorübergehend zu – dies ist vielleicht auch eine Erklärung dafür, warum sich manche kleine Kerlchen wie junge, wilde Löwen geben, die fauchen und ihre Krallen zeigen.

Jungen messen gerne ihre Körperkräfte und lassen ihrer Energie oft freien Lauf. Es ist wichtig, dass Eltern ihrem Sohn die Möglichkeit bieten, sich auszutoben, zum Beispiel beim Kinderturnen, bei Wettspielen im Garten, auf dem Spielplatz. Leidet ein Kind an chronischem Bewegungsmangel, gerät es unter Druck, und aus harmlosem Turnen wird dann oft ein aggressives Verhalten.

Wenn sich das Kind in Rumpelstilzchen verwandelt

Wenn ein Junge in Zorn und Verzweiflung gerät, ist er oft nur schwer zu bändigen – und ein wütendes Kind hat eine Menge Kraft! Es bearbeitet das Tischbein mit Fußtritten, kreischt wie am Spieß, und keiner ahnt so richtig, warum das Kerlchen plötzlich ausrastet, denn sein Alltag verläuft eigentlich ganz normal, es gibt keine besonderen Vorkommnisse.

Fragen die Eltern ihren Sohn nach der Ursache seiner Verzweiflung, weiß er oft keine Antwort, denn ein Junge im Vorschulalter kann noch nicht durchschauen, was mit ihm los ist, kann seine Gefühle nicht ausloten und erst recht nicht beschreiben. Insistieren die Erwachsenen dann, fragen sie immer wieder nach, überfordern sie ihn. Sie erhöhen damit den Druck, unter dem der Junge steht, zusätzlich, und seine Verzweiflung nimmt eher zu als ab.

Wer mit einem aggressiven Kind zu tun hat, weiß, wie schwierig es ist, mit ihm fertig zu werden. Meistens versuchen Eltern, mit den »klassischen« Erziehungsmaßnahmen weiterzukommen:

● Strafen: Strafen nützen nur, wenn erstens die Beziehung zwischen Eltern und Kind intakt ist und wenn sie sich zweitens stimmig als Konsequenz aus dem ergeben, was sich vorher abgespielt hat. Ein Beispiel: Haut der Bruder seiner Schwester mit Bauklötzen auf den Kopf, hat das Spiel für den Jungen erst einmal ein Ende.

Weniger Aussichten auf Erfolg hat es dagegen, einen kleinen Wüterich, der wie Rumpelstilzchen durch die Wohnung tobt und seine Mutter als »blöde Kuh« bezeichnet, in sein Zimmer zu bugsieren.

Völlig außer sich wird er sich nicht einfach in sein Zimmer verbannen lassen, sondern mit Spielzeug schmeißen und gegen die Tür treten. In vielen Fällen fällt es einfach schwer, eine Strafe zu finden, die sich schlüssig aus dem vorangegangenen Verhalten des Kindes ergibt.

● Schimpfen: Wenn Mutter und Vater zetern, schaltet ein Kind oft seine Ohren auf Durchzug, das heißt, es verschließt sich innerlich. Will es seine Eltern provozieren, dann kommt ihm das Schimpfen gerade recht, denn das bedeutet: Ich habe mein Ziel erreicht und meine Eltern aus dem Lot gebracht.

● Schlagen: Eine Aggression mit weiteren Aggressionen beantworten heißt Benzin ins Feuer schütten. Außerdem sind Schläge demütigend. Sie graben sich tief ein und erschüttern das Selbstwertgefühl.

- Miteinander reden: Mit einem Gespräch ist jetzt nichts zu erreichen. Einem aggressiven Kind ist nicht nach reden und vernünftig sein zumute.

Wenn nicht bestrafen, schimpfen oder schlagen – was dann? Wie kann man ein aggressives Kerlchen zur Besinnung bringen?

Kleine Pausen – Heilmittel gegen Aggressionen?

■ *Der kleine Bruder haut den großen. Das sieht nach David gegen Goliath aus. »Der kleine Knirps traut sich was«, sagt der Vater dazu, und sämtliche Familienmitglieder lachen, sogar der große Bruder lacht mit. Deshalb findet der Kleine Geschmack an der Sache, haut bei nächster Gelegenheit erneut zu und erntet mit seiner Attacke wieder Erfolg. Mami guckt zwar weg, aber Papi tut nur so, als empöre er sich. Und die Geschwister feixen. Wunderbar – endlich im Zentrum der Aufmerksamkeit genießt der Stöpsel sein Publikum.*

So kann aus einem harmlosen Spiel aggressives Verhalten entstehen. Weil der Kleine den Erfolg genießt und auf weitere Erfolgserlebnisse aus ist, wird das Experiment Zuschlagen wiederholt. Mal sehen, was dann geschieht. Ein spannendes Experiment. Die Mutter reagiert anders auf die Aggressionen des Jüngsten als der Vater.

Der Knirps setzt sein aggressives Verhalten immer häufiger und immer gezielter ein. Auf dem Spielplatz erobert er sich so die Vorherrschaft auf dem Klettergerüst. Auch im Kindergarten hat er Erfolg – er ergattert Spielsachen, die er anderen Kindern abtrotzt.

Weil die Attacken zu einer Gewohnheit werden, reagieren die Eltern endlich. Jetzt ziehen beide an einem Strang. Ihre Lösung heißt: Du darfst nicht mehr mitspielen, wenn du die anderen piesackst. Du musst dann eine Weile zuschauen, wie sich deine Spielkameraden allein vergnügen.

Natürlich ist es immer sinnvoll, sich eingehend mit dem Kind zu beschäftigen, wenn sich die Probleme häufen. Maßnahmen wie gemeinsames Eisessen oder Ausflüge können das Klima entspannen, vor allem zu Gesprächen anregen. Solche Aktionen lösen das Problem natürlich nicht von einem Tag auf den anderen. Was tun, wenn der Kleine gerade wieder ein anderes Kind heftig am Arm zerrt? Was, wenn er wie ein Rohrspatz krakeelt?

● Oft ist es hilfreich, wenn man versucht, den Wüterich in den Arm zu nehmen – vorausgesetzt, er wehrt sich nicht zu stark dagegen –, auch wenn weder dem Erwachsenen noch dem Kind in diesem Moment danach zumute ist. Sicherlich fällt es schwer, gerade jetzt einen Schritt aufeinander zuzugehen. Aber das Festhalten tut meistens beiden gut. Die Folge: Das Kind gibt seinen Widerstand auf. Es entspannt sich. Lächelt vielleicht sogar schon wieder. Die Umarmung signalisiert:
– Ich habe dich lieb, darauf ist Verlass – ganz egal, was gerade passiert ist.
– Wir denken zusammen an frühere Zeiten, an gemeinsame Schmusestunden, diese Erinnerungen tun uns beiden gut.
– Ich tue das Gegenteil von dem, was du erwartet hast. Du siehst, ich lasse mich nicht von dir auf die Palme bringen, sondern nehme dir den Wind aus den Segeln.
– Ich beschütze dich. In meinen Armen findest du Schutz vor den unguten Gefühlen, die dir – und auch mir – zu schaffen machen.

Ein richtiger Tobsuchtsanfall

■ Ein Vierjähriger ist stocksauer, weil der große Bruder das heiß geliebte blaue Auto gemopst hat und ihm nicht wieder zurückgeben mag. Alltagsärger zwischen den Brüdern. Eigentlich nichts Ungewöhnliches. Aber heute muss dem Kleinen eine besondere Laus über die Leber gelaufen sein, denn er gerät völlig außer sich. Hält die Luft an vor Wut. Dann atmet er wieder, schüttelt sich und rennt mit knallrotem Kopf gegen den Großen an. Tritt ihn gegen das Schienbein. Prügelt mit den Fäusten auf ihn ein. Das geht nun wirklich zu weit! Bevor eine noch üblere Schlägerei zwischen den Brüdern beginnt, greift die Mutter der beiden ein und trennt die Kampfhähne. Daraufhin wird sie selbst von dem Vierjährigen attackiert. Verzweifelt schluchzend, schlägt der Junge auf sie ein. Sie versucht mit ihm zu reden: »Was ist denn nur los mit dir? Warum gerätst so in Rage?« Die Antwort des Jungen ist ein noch verzweifelteres Schluchzen und Schlagen. Nun versucht die Mutter, härter durchzugreifen, und schimpft mit dem Kleinen: »Du kannst doch nicht einfach erst auf deinen Bruder, dann auf mich einschlagen. Du tust uns weh! Wenn du das noch einmal tust, dann ...!« Was dann? Egal, was dann, denn der Junge hört sowieso nicht zu. Er liegt jetzt auf dem Boden und tritt und schlägt um sich. Ziemlich beunruhigt – so aggressiv hat sie ihren Sohn noch nie erlebt – versucht seine Mutter, ihn zu beruhigen: »Hör doch auf zu weinen!«, sagt sie. Kein Erfolg. Der Vierjährige ist und bleibt geladen und völlig außer sich vor Verzweiflung und Wut – welche Gefühle toben bloß in ihm?

Schließlich kniet die Mutter neben ihrem Sohn, versucht, das Treten und Schlagen abzuwehren und das zitternde Bündel hochzuziehen und beherzt in die Arme zu nehmen. Es gelingt, auch wenn sie sich dabei ein paar blaue Flecken einhandelt. Es ist gar nicht so einfach, den Sohn zu umfassen, denn der Junge sträubt sich, wehrt sich noch immer nach Kräften und versucht die Arme, die ihn umklammern, wegzudrücken. Aber seine Mutter hält ihn eisern fest und flüstert:

> *»Gleich ist alles wieder gut!« Dann schweigt sie. Auch der Junge sagt kein Wort. Nach einem Weilchen entspannt sich der Vierjährige und holt tief Luft. Seine Tränen versiegen schließlich, es folgen nur noch ein paar trockene Schluchzer. »Ich hab dich lieb!«, flüstert ihm seine Mutter ins Ohr. Danach kann sie ihre Arme lockern. Der Junge bleibt. Er legt seinen Kopf auf ihre Schulter und schaut sie fragend an. »Jetzt geht's dir wieder gut!«, sagt seine Mutter tröstend.*

Nicht jedes Kind mag sich beruhigen und in den Arm nehmen lassen. Manches wehrt sich vehement. Sollten Eltern loslassen, wenn sie auf Gegenwehr stoßen, oder den Widerstand überwinden?

- Im Normalfall, wenn die Wogen geglättet sind, sollten Eltern den Willen ihres Kindes achten und ihm das Recht zugestehen, Zärtlichkeiten abzuwehren. Manchmal haben Kinder keine Lust zu schmusen – vor allem Jungen nicht, wenn sie gerade auf dem Ich-bin-schon-groß-Trip sind.
- Im Ausnahmefall, wenn ein Junge im Laufe eines Streites außer sich gerät und extrem aggressiv wird, kann es sinnvoll sein, seinen Widerstand vorsichtig zu überwinden und ihn in die Arme zu nehmen – aber nur, wenn man schon eine gewisse Bereitschaft des Kindes, sich fallen lassen zu wollen, spürt oder zumindest ahnt. Meistens zeigt sich diese Bereitschaft schnell – allerdings nicht, wenn ein Kind mitten in der Trotzphase steckt.
- Eine weitere Möglichkeit, der Agression zu begegnen, ist, dem Wüterich eine Pause zu verordnen, ihn aus dem Verkehr zu ziehen, ohne viele Worte einfach vom Ort des Geschehens zu entfernen und ihm kurz und klar zu erklären, dass sein Verhalten zu wünschen übrig lässt. In den nächsten Minuten muss er beim Spielen zuschauen,

danach darf er wieder in den Kreis der anderen Kinder zurückkehren.

Hat ein Junge dennoch kein Einsehen, geht er erneut aggressiv auf andere zu, wird er zu einer neuen, etwas länger andauernden Auszeit verdonnert.

Wer bei einer Auseinandersetzung schnell nachgibt und den Jungen sich selbst überlässt, der signalisiert: Du bist der Stärkere! Stärker als Mutter oder Vater zu sein verunsichert ein Kind, denn letztlich will es gar nicht die Oberhand behalten, sondern sich bei den Erwachsenen gut und sicher aufgehoben fühlen.

Auf zusätzlichen Stress und ein längeres Gerangel – »Wollen doch mal sehen, wer hier der Stärkere ist!« – sollten Erwachsene aber verzichten und auch darauf, lautstark »Du tust mir weh!« zu klagen, wenn sie einen Tritt abbekommen.

Jetzt ist nicht der Moment, über richtiges oder falsches Verhalten zu reden. Viel wichtiger ist, dem Jungen zu helfen, aus seiner Wut und Verzweiflung herauszufinden.

Wenn das Recht des Stärkeren gilt

Auf dem Spielplatz scheint das Recht des Stärkeren zu gelten – vor allem unter den Jungen. Hier spielen sich oft drastische Szenen ab: Der Leithammel, der kräftigste (oder größte oder schlauste) Junge setzt seine Interessen gnadenlos durch. Er übernimmt die Herrschaft auf dem Spielplatz und fegt jeden weg, der im Wege steht:
- Vergrault einen, der ihm nicht passt, aus dem Sandkasten.
- Scheucht einen, den er nicht kennt, vom Klettergerüst.

Er signalisiert mit seinem ganzen Körper: Auf dem Spielplatz bin ich der König.

Manche Mutter eines derart dominanten, unverschämten Bengels sieht heute nicht mehr beschämt in die Runde anderer Mütter, die das Treiben beobachten, sondern ist oft unverhohlen stolz: Ihr Kerlchen ist hier der Meister. Er zeigt Führungsqualitäten. Kann sich durchsetzen, kann bestimmen. Ziemlich lebenstüchtig, der Junge, und das ist doch nicht schlecht, scheint ihr Blick zu sagen. Auf die Idee, den Spielplatzking zur Ordnung zu rufen, ihm eine Grenze zu setzen, kommt sie nicht. Vielmehr scheint sie der Meinung zu sein, die anderen könnten sich ja wehren, wenn sie sich nicht fügen wollten. Das Motto vieler Mütter heißt heute: Die Kinder sollen ihre Konflikte unter sich ausmachen.

Die Mutter eines friedfertigeren Jungen, der nicht mit dem Angreifer kämpft, sondern sich von ihm vertreiben lässt, sieht dagegen nicht selten ziemlich unglücklich aus. Grund ihrer Verstimmung ist nicht etwa, dass ihr Sohn zum Prügelknaben gemacht wurde, sondern eher, dass er als Verlierer dasteht – aus ihrer Sicht jedenfalls. Heute wird von Jungen häufig verlangt: »Du musst dich wehren. Musst den Kampf aufnehmen!« Dass sich der Junge friedfertig zurückgezogen, sich nicht auf eine Auseinandersetzung mit den Fäusten eingelassen hat, scheint nicht des Lobes wert zu sein. Wenn eine Mutter ihr Kind anfeuert und ermuntert, die Kampfarena zu betreten, dann hat sie dabei meist die Zukunft ihres Sohnes im Blick: Er muss sich behaupten können.

● In der Schule ist er einem System ausgesetzt, das Konkurrenzverhalten fördert und diejenigen schnell aussortiert, die nicht mithalten können. Ein System, das nicht in erster Linie auf Teamgeist setzt, sondern auf den Slogan: Jeder gegen jeden. Das die Rüpeleien und die Gewalt auf dem Schulhof nicht in den Griff bekommt.

- Später als Erwachsener muss er sich in einer knallharten Leistungsgesellschaft bewähren, in der sich allein die Besten einen sicheren Platz an der Sonne erkämpfen.

Weit vorausschauend versuchen viele Eltern, ihren Nachwuchs schon im Vorfeld zu coachen. Je früher der Junge lernt, sich zu profilieren (auch auf Kosten anderer) und sich durchzusetzen, desto besser. Dann ist er fit für später. Und wenn er dabei seine Ellenbogen gebraucht, geht die Welt davon auch nicht gleich unter.

Die Sorge, mit der manche Mutter ihren Sohn betrachtet, ist vielleicht nachvollziehbar. Aber wenn die Rabauken auf dem Spielplatz von den Erwachsenen zu Gewinnern erklärt werden und die Nachgiebigeren zu Verlierern, dann heißt die Botschaft für die Kinder: Nicht wir Friedfertigen, sondern die Unverschämten, die Rücksichtslosen sind auf dem richtigen Weg.

Natürlich sollen Eltern ihr Kind ermuntern, selbständig zu werden und Konflikte mit anderen allein auszutragen, aber nicht jeder Knirps ist dazu bereits in der Lage. Wenn Jungen beispielsweise

- ein Bein stellen, so ist das kein Spaß. Treiben sie dieses Spielchen, sollte dem entsprechenden Jungen erklärt werden, warum solch eine Attacke gefährlich werden kann.
- mit Sand werfen. Sand in den Augen, Sand in den Haaren, Sand im Mund – all dies ist nicht besonders angenehm. Deshalb sollten Eltern nicht ungerührt dabei zuschauen, sondern klar Stellung beziehen: »Hört auf damit! Was ihr macht, ist für andere kein Spaß, sondern tut weh!«

Einem Raufbold müssen Grenzen aufgezeigt werden. Gerade und besonders kleine Jungen sollten frühzeitig lernen, dass nicht der Stärkere automatisch siegt, sondern langfris-

Spielplatzrambos

■ *Da rennt ein kräftiger Junge, strotzend vor Gesundheit, quer über den Platz zur Wippe, baut sich vor einem blassen, zarten Knaben auf, der auf dem Gerät thront und gerade mit einem Mädchen wippen will, schubst ihn, ohne ein Wort zu sagen, von der Wippe und nimmt selbst Platz. Die Mütter der beiden Jungen reagieren prompt.*

Der Blasse, Zarte, der sich zu seiner Mutter flüchtet, wird von ihr nur kurz und ziemlich kühl getröstet: »Ist schon wieder gut!« Ihre Mimik und Gestik vermitteln eine ganz andere Botschaft, und diese lautet: »Du musst dich behaupten! Lass dich nicht von deinem Platz vertreiben! Wehr dich! Du warst zuerst da! Los, sag dem Jungen, dass du zuerst da warst!«

Seine Lippen und sein Unterkinn zittern, der Kleine zieht eine Flappe und beginnt zu weinen. Vielleicht weint er, weil er von der Wippe vertrieben wurde. Vielleicht weint er, weil er sich nicht wirklich getröstet fühlt. Vielleicht auch, weil er die unausgesprochenen Gedanken und die Gefühle seiner Mutter lesen kann. Er spürt genau, dass er ihre Erwartungen enttäuscht hat. Wie ein Held soll er auftreten und nicht wie ein scheues Reh davoneilen. Er ist nicht so, wie er aus Sicht seiner Mutter sein sollte. Sie kann nicht stolz auf ihn sein und muss sich Sorgen machen. Wie in einem Buch kann er ihre Gedanken lesen. Kleinlaut schleicht er von dannen.

Der Kräftige wird von seiner Mutter mit einem »Kannste doch nicht machen!« nur kurz getadelt – mehr pro forma als wirklich. Selbst wenn sie schimpft, ist sie in Wahrheit doch stolz auf ihren Nachwuchs. Auch am Gesicht dieser Mutter kann man ablesen, was sie empfindet – dazu muss sie nicht viele Worte machen. Wieder vermittelt sie gleichzeitig zwei Botschaften, die eine mittels Mimik und Gestik, die andere mit Worten. Ihr Sohn hat längst begriffen, welche eigentlich gilt. Vergnügt zieht er ab in der Gewissheit, mit seinem Verhalten ganz richtig zu liegen.

tig gesehen derjenige die besseren Karten hat, der die eigenen Interessen mit anderen abstimmen, Rücksicht nehmen und auch mal verzichten kann. Jungen, die Aggressionen nicht für Stärke halten, die fit in sozialem Verhalten sind, kommen besser durchs Leben als Halbstarke, die dauernd ihre Muskeln spielen lassen.

Nicht jeder Tritt ist ein Zeichen für Aggressivität

Ein Dreikäsehoch, der seinem Kumpel im Kindergarten einen Tritt vors Schienbein gibt, ist nicht gleich aggressiv und hat auch nicht unbedingt Ärger mit seinem Kameraden, sondern will bisweilen nur ausprobieren, wie weit er gehen kann: »Mal sehen, was dann passiert!« Er weiß noch nicht, wie weh solche Attacken tun und dass sie, eben weil sie wehtun, nicht akzeptabel sind. Er fängt gerade erst an, die Regeln zu lernen, die das Zusammenleben ordnen. Alle zusammen – Eltern, Erzieherin, Kindergartenfreunde – sind seine Lehrmeister und zeigen ihm, was möglich ist und was nicht.

Wenn ein kleines Mädchen die Freundin zwickt und zwackt, dann wird das eher unter Experimentieren abgebucht als bei einem kleinen Jungen. Bei ihm schauen Erwachsene genauer hin, bewerten nach der Devise: Wehret den Anfängen. Viele Erwachsene sehen in einem Jungen, wenn er kneift oder boxt, voreilig einen aggressiven Wüstling und sind voller böser Vorahnungen: »Bin gespannt, was aus dem noch werden wird!« So hat manches lebhafte Kerlchen schon im Kindergarten seinen Stempel weg und tut dann unbewusst einiges, um diese negativen Erwartungen in Zukunft auch zu erfüllen.

Vor allem unsichere Eltern neigen bisweilen dazu, aus der Mücke einen Elefanten zu machen und immer wieder auf das leidige Thema zurückzukommen. Damit nehmen sie ihrem Sprössling die Möglichkeit, aus der Schublade, in die sie ihn gesteckt haben, wieder herauszukrabbeln. Ihre ständigen Tadel haben zur Folge, dass der Junge schließlich bleibt, wo er sowieso schon ist: abgestempelt als ziemlich aggressives Kerlchen.

Und das zieht meistens noch größere Missbilligung nach sich: »Nun hör doch mal auf!« und »Wie kannst du nur …!« Derjenige, der beißt und zwackt, steht immer im Mittelpunkt aller Aufmerksamkeit. Hauptsache Beachtung finden – Kindern ist es manchmal egal, ob sie im Negativen oder Positiven Aufmerksamkeit erregen, wenn sie nur beachtet werden. Eltern, deren Kind beißt, kneift, andere vors Schienbein tritt oder aber anderen die Schaufel im Sandkasten wegnimmt, sollten kein großes Aufhebens davon machen. Jede Aufregung ist für den Kleinen eine Siegestrophäe: Ziel erreicht. Gehen die Eltern dagegen nur kurz und nachdrücklich auf sein Verhalten mit einem »Du tust dem Kind weh!« ein, dann ist dieses Ziel nicht erreicht. Stoßen die Versuche, auf diese Weise in den Mittelpunkt der Aufmerksamkeit zu rücken, ins Leere, wird das Spielchen bald langweilig und deshalb aufgegeben.

Von rauen Gesellen und ruppigen Kerlchen

■ *Nicht schon wieder die wilde Hatz quer durch die Wohnung. Tür auf. Tür zu. Auf die Betten. Von den Betten auf den Boden. Vier wilde Kerle toben durch die Wohnung. Das Spiel artet bald in eine wüste Balgerei aus. Ziemlich ruppig gehen die Jungen, die hier durch die Räume toben, miteinander um. Einer nimmt den anderen in den Schwitzkasten und ringt ihn auf den Teppich nieder. Dann schmeißen sich die zwei Mitfighter auf das Menschenknäuel, und die Kugel schiebt sich durchs Zimmer.*

> »Einmischen oder nicht einmischen?«, fragt sich die beunruhigte Mutter, wenn sie bei dem Spektakel zuschaut. Sicherheitshalber, vielleicht auch, weil ihre Nerven blank liegen, geht sie wieder einmal mit einem »Gebt Ruhe, hört auf zu balgen, sonst gibt's gleich Geschrei!« dazwischen.
>
> »Ist doch nur ein Spiel!« wird sie jedes Mal von den Jungen beruhigt. Trotz ihrer jahrelangen Erfahrung als Mutter mag sie dieses Spiel immer noch nicht akzeptieren, hält jedes Mal die Luft an, wenn die Bengel ihre nächste Attacke reiten, und murmelt beschwörend: »Nicht so wild! Es wackelt ja die ganze Bude!«
>
> Die Jungen lachen sie aus. Sie tun das Toben und Kämpfen als total normal ab: »Das machen alle! So ist das eben unter Jungen!« Dennoch fällt es ihrer Mutter schwer, das Treiben als harmlos zu betrachten. Immer noch gerät sie in Angst und Schrecken: Gleich wird es knallen. Gleich wird einer vor Schmerz laut aufschreien. Gleich werden Tränen fließen. Aber nur selten arten die Balgereien in Schlägereien aus. Meistens beruhigt sich die Lage von allein wieder, und wenig später stehen vier hochzufriedene, strahlende Burschen mit glühenden Wangen vor ihrer Mutter. Sie haben sich ausgetobt. Die Toberei scheint ihnen gut zu bekommen, denn im Gegensatz zu ihrer Mutter machen sie einen zufriedenen, entspannten Eindruck. Und weil sie so angespannt ist, erntet sie noch einen guten Ratschlag von den jungen Herren: »Hab dich nicht so. Gewöhn dich endlich mal daran!« Ob es ihr irgendwann gelingen wird, den Ratschlag zu beherzigen?

Balgereien – auch eine Art von körperlicher Nähe

Wenn ihre Söhne mit lautem Geschrei und ineinander verkeilt durchs Zimmer kugeln, ist das der Mutter der Rangen meist ein Graus. Der Vater reagiert in der Regel gelassener. Das Beste, was dem Nachwuchs passieren kann: Er macht sogar bei ihren Balgereien mit. Das ist nicht nur wunderbar und spaßig, sondern viel mehr: Denn dabei geht es nicht nur darum, die Kräfte zu messen, sondern den anderen zu spüren, zu riechen, seine Nähe und Wärme zu genießen. Weil mancher Vater mit zarten Schmusespielen nichts anfangen kann, weil er gerne etwas fester zupackt, kommt ihm das Balgen gerade recht. Hier kann er seinem Sohn auf seine Weise zeigen: Ich habe Spaß mit Dir! Ich mag deine Kraft spüren, deine Lebendigkeit, deine Wärme! Balgen ist eine etwas robustere Art von Schmusen.

Wenn der Vater mit dem Sohn rangelt, dann ist das noch mehr als nur ein sinnliches Vergnügen: Der Kleine lernt
- zuzupacken, sich an den Mitfighter heranzuwagen,
- die Spielregeln zu beachten: Nicht mit den Ellenbogen in die Augen! Vorsicht – die Nase schützen. Und auf keinen Fall einfach so zutreten, sonst wird aus dem Spiel ganz schnell ernst,
- einiges auszuhalten, nicht gleich klein beizugeben, wenn man sich einen blauen Flecken einhandelt
- Gespür zu entwickeln, wann Schluss ist und der Mitspieler nicht mehr mag oder kann. Jungen müssen lernen, ihre Kräfte zu beherrschen.

Die ersten Mutproben

Im Kindergarten werden die ersten Freundschaften geschlossen.

Freunde sind Kindern Gold wert, denn es macht viel mehr Spaß, die Welt zu erkunden, wenn man einen Kumpel an der Seite hat oder sogar mehrere. Das Problem an der Sache: In der Gruppe fühlen sich die Kleinen oft ziemlich stark und hecken begeistert Blödsinn aus, wie zum Beispiel:
- »Wer traut sich, den Garten zu verlassen und bis zur großen Straße vorzulaufen?«
- »Wer klettert auf den Apfelbaum?«

Mutproben sind vor allem bei Jungen »in«, auch schon im Kindergartenalter. Noch hält sich die Einsicht, dass manches Wagnis böse enden könnte, in Grenzen. Deshalb sollten erwachsene Begleiter lieber nicht darauf warten, bis die Kinder aus Einsicht zur Vernunft kommen und ihr Vorhaben stoppen, sondern sicherheitshalber lieber eingreifen, wenn Gefahren drohen, und vor allem erklären, warum sie eingreifen mussten. Ein erhobener Zeigefinger macht selten Eindruck, auf die wilden Kerle schon gar nicht. Deshalb bleibt Eltern nichts anderes übrig, als

- zu beobachten, ihr Kind im Auge zu behalten, wenn es draußen herumtobt – da, wo es gefährlich werden könnte,
- Erfahrungen zuzulassen, auch negative – natürlich in verträglichem Maß, denn erst aus Schaden werden wilde Buben manchmal klüger,
- einzugreifen, wenn sich eine Situation gefährlich zuspitzt, und die Kinder zurückzupfeifen.

Ein Hasenfuß – muss ein Junge seine Angst überwinden?

Bloß keine Angst zeigen und zugeben, dass man sich fürchtet. Mit dem Eintritt in den Kindergarten verlieren Jungen manchmal den Mut, ihre wahren Gefühle zu zeigen, denn sie ahnen, viele ihrer Mitmenschen erwarten von ihnen jetzt, dass sie sich beherrscht und möglichst männlich geben – wie wahre Helden.

Glücklicherweise gibt es auch zunehmend andere Erwachsene, die darauf verzichten, ihnen mit Sprüchen zu kommen wie: »Ein Junge kennt keine Angst!« Bei ihnen dürfen sie ihre Angst zeigen, ohne gleich gemaßregelt zu werden mit einem »Sei kein Frosch!«.

Wenn ein Schiff die Angst mitnimmt

■ *Ein Fünfjähriger hat einen Heidenbammel davor, allein in den dunklen Keller zu gehen. Sein Vater belächelt ihn und bezeichnet ihn als Hasenfuß ohne rechten Mumm in den Knochen, dem man die Flausen abgewöhnen müsse! Deshalb schickt er das bibbernde Kerlchen in den wenig beleuchteten Keller zum Bierholen, sozusagen als Training. Ein lautes Liedchen trällernd, steigt der Junge die Kellertreppe hinab, um sämtliche Gespenster zu vertreiben, die da unten im Dunkeln hocken könnten! Als er gequält lächelnd schließlich das Bier abliefert, wird er von seinem Vater erneut als Angsthase bezeichnet und mit einem lauten Lachen für die Mutprobe belohnt. Dieses Lachen sitzt und wird wahrscheinlich jahrelang nicht vergessen werden, sowenig wie die erzwungenen Gänge in den Keller. Der Sohn fühlt sich verletzt und unverstanden von seinem Vater. Seinen Mangel an Einfühlungsvermögen nimmt er ihm übel.*

Die Mutter des Jungen ist sensibler. Sie will ihm seine Gefühle nicht mit Macht austreiben oder ausreden, sondern geht behutsamer vor:

- *Sie begleitet den Sohn häufiger in den Keller, macht überall Licht an und zeigt ihm die Räume.*
- *Sie baut mit ihm ein Angstschiffchen aus Papier, lässt sich von dem Jungen diktieren, was ihm Angst macht und schreibt alles auf das Schiffchen.*
- *Anschließend wird das Schiff zum nahe gelegenen Bach gebracht und zu Wasser gelassen. Es gleitet davon und nimmt alle Ängste mit.*
- *Sie berichtet von den Ängsten, die ihr als Kind zu schaffen gemacht haben, und erzählt, wie sie ihre Ängste überwunden hat.*
- *Sie regt ihn an zu erzählen, von seinen eigenen Gefühlen zu berichten. Dabei insistiert sie nicht nach dem Motto »Nun erzähl mir mal ...!« Sie will dem Sohn seine Angst auch nicht ausreden, sondern macht ihm stattdessen vorsichtig Mut und hört vor allem geduldig zu.*

Mancher Junge reagiert sehr empfindlich, wenn er seine Gefühle nicht zeigen darf, weil die Erwachsenen
- sie übersehen oder die Gefühle eines kleinen Jungen nicht so ernst nehmen,
- sie ihm ausreden wollen, da sie nicht zu einem Jungen passen.

Fließen dann vor lauter Kummer die Tränen und bekommt der Junge immer wieder die alten Sprüche zu hören wie »Sei kein Frosch und überwinde dich!« oder »Du bist doch kein Schisshase!«, dann fühlt sich der Wicht mutterseelenallein und schrecklich unverstanden in der weiten Welt.

Darf ein Junge seine Angst nicht zeigen, dann sucht sie sich andere Ventile, um sich bemerkbar zu machen – sie kommt zum Beispiel in Angstträumen, die einem Jungen die Nächte verleiden, zum Ausdruck.

Es ist höchste Zeit, dass alle Mütter, vor allem aber auch alle Väter akzeptieren: Jungen sind so gefühlvoll wie Mädchen und haben das gleiche Recht, die gleiche Sehnsucht, ihre Gefühle zu zeigen und darüber zu reden. Mancher Vater kann davon auch für sich selbst profitieren.

Mit Kritik sparsam umgehen

Besonders allergisch reagiert mancher Vater, wenn er bei seinem Sohn Eigenschaften oder Verhaltensweisen entdeckt, die als unmännlich gelten oder nach verwöhntem Jüngelchen aussehen. Zum Beispiel wenn der Kleine
- wehleidig ist, in jedem kleinen Ratscher eine große Wunde sieht und entsprechend jammert,
- ängstlich ist, sich im Dunkeln nicht einen Schritt vor die Haustür traut,
- zimperlich ist, aufkreischt vor Entsetzen, nur weil ein Dreckspritzer auf seiner Hose gelandet ist,

- mäkelig ist, in seiner Suppe herumrührt und nach Petersilie fischt.

Beobachtet ein Vater seinen Sohn dauernd mit Argusaugen, geht er streng mit ihm zu Gericht, wenn sich der Knabe nicht nach seinen Vorstellungen entwickelt, dann steckt meistens die Sorge dahinter, der Sohn könnte versagen. Im Kindergarten zu den Schwachen zählen. In der Gruppe zum Außenseiter abgestempelt werden. Dass ein Vater Angst davor hat, sein Kind könne zu den »armen Würstchen« zählen, ist keine Seltenheit. Vor allem einem Vater, der sich stark mit seinem Sohn identifiziert, ist der Gedanke daran ein Graus – besonders dann, wenn sich hier die eigene Geschichte wiederholt und er mit eigenen, fast vergessenen Verletzungen konfrontiert wird.

Um den Sohn zur Einsicht zu bringen, greifen Männer oft auf pädagogisch untaugliche Mittel zurück:
- Sie schimpfen und strafen, um ihren Sprössling zur Einsicht zu bringen und sein Verhalten zu ändern.
- Sie halten lange Moralpredigten, gespickt mit Kritik.
- Sie signalisieren mittels Gestik und Mimik ihr Missfallen.
- Sie kommen mit Ironie, die ihr Kind entweder nicht versteht oder als demütigend empfindet, denn es fühlt sich auf den Arm genommen, und keiner hat es gerne, wenn sich ein anderer auf seine Kosten lustig macht.

Egal, ob ein Vater seinen Nachwuchs mit Worten oder Blicken kritisiert – er bewirkt damit wahrscheinlich eher das Gegenteil von dem, was er erreichen möchte: Der Junge fühlt sich unverstanden. Wer verletzt ist, reagiert aggressiv und »beißt« zurück oder macht dicht. Zieht sich in sich selbst zurück. Aber wenn Strafen und Schimpfen keine geeignete Lösung ist, was dann?

Da, wo es möglich und nötig ist, sollte eine klare, eindeutige Grenze gesetzt und konsequent darauf gedrungen werden, dass diese Grenze beachtet wird.

Ganz besonders wichtig ist es, die Persönlichkeit des Jungen zu respektieren – auch seine Eigenarten. Vertrauen in ihn und seine Entwicklung zu haben und dieses Vertrauen auch zu zeigen. Statt Kritik zu üben lieber loben, wo es etwas zu loben gibt, und damit das Selbstwertgefühl des Jungen stärken. Ihn behutsam motivieren, damit er nach und nach lernt, sein Verhalten infrage zu stellen und gegebenenfalls zu ändern. Vorsichtig mit ihm reden. Ihm ein gutes Vorbild sein.

Schüchternheit – schwierig für Jungen?

Wenn ihr Sohn zu den Schüchternen zählt, machen sich viele Eltern Sorgen. Egal ob das Klischee stimmt und Schüchternheit bei einem Jungen weniger akzeptiert wird als bei einem Mädchen, keiner ist gerne schüchtern. Natürlich ist das Leben leichter, wenn man offen und locker auf andere zugehen und Kontakte knüpfen kann. Und deshalb ist es ein Gewinn, wenn man in Kinderjahren bereits üben kann, seine Schüchternheit zu überwinden.

Eltern können ihr Kind dabei unterstützen und ihm Gelegenheiten bieten, mit Gleichaltrigen zusammenzukommen:

- Auf dem Spielplatz. Da kann man lernen, die eigene Scheu zu überwinden und auf Kinder zuzugehen.
- In Kursen. Dort gibt es nicht nur spannende Sachen zu machen, sondern nebenbei auch die Gelegenheit, Kinder kennen zu lernen.
- Zu Hause. Kinder einladen, denn im Schutz der vertrauten Umgebung fällt es dem eigenen Sprössling leichter, Kontakt zu anderen aufzunehmen.

> **Zu schüchtern, um auf andere zuzugehen**
> ■ *Der Vierjährige steht im Kindergarten allein in der Küchentür und beobachtet die übrigen Kinder, die miteinander tuscheln, lachen und spielen. Meistens steht er allein und traut sich nicht, auf andere zuzugehen. Immer wieder wird er von allen ermuntert mitzumachen. Es hilft nichts, er bleibt auf Abstand zu den anderen. Seine Mutter macht sich Sorgen um den Kleinen, denn mit seiner Schüchternheit macht er sich das Leben unnötig schwer. Sie meint: »Als Junge kann man es sich heute nicht leisten, schüchtern zu sein. Das wird einfach nicht akzeptiert.« Vorsichtig versucht sie, ihm seine Schüchternheit zu nehmen: Sie lädt Kindergartenfreunde nach Hause ein, geht mit dem Jungen viel unter Menschen, stellt ihm kleine Aufgaben wie: »Frag mal bei der Nachbarin nach, ob wir ihr vom Einkaufen etwas mitbringen sollen!«*

Wichtig ist, dass sich Mutter und Vater nicht einmischen, sondern geduldig im Hintergrund abwarten, ob ein Kontakt zwischen den Kindern zustande kommt oder nicht.

Hausarbeit – nichts für Jungen?

Die Familie ist nicht nur eine Lebensgemeinschaft, sondern auch eine »Arbeitsgemeinschaft«. Das spricht sich unter männlichen Wesen erst langsam herum. In einem Bereich werden sie nur besonders zögerlich tätig: Hausarbeit sei nichts für sie, behaupten viele und machen es sich wie eh und je im Sessel bequem, statt in der Küche mit anzupacken. Kein Wunder, dass die kleinen Männer es den großen Männern gerne nachmachen und sich geschickt vor der Hausarbeit drücken. Den Tisch decken, den Tisch abdecken, Schuhe ins Schuhregal räumen, das Handtuch aufhängen – ein Junge lässt sich nur schwer bewegen, bei solchen Arbeiten mitzuhelfen. Warum?

- Weil es am guten Vorbild mangelt. Sitzt der Vater vor allem im Sessel, macht sich's auch der Sohn gerne bequem.
- Weil Hausarbeit Mädchensache ist. Auf wundersame Weise scheinen Jungen mit der Muttermilch einzusaugen, dass das männliche Geschlecht Privilegien hat – etwa das Privileg, Hausarbeiten den weiblichen Wesen der Familie zu überlassen.

Selbst wenn es in einer Familie gelingt, den Kronensohn zum Mithelfen zu animieren, bleibt doch bei manchem Prinzen ein leicht empörtes, beleidigtes Gefühl zurück: Eigentlich ist dieser ganze Haushaltskram nicht mein Bier. Eigentlich sind andere dafür zuständig und nicht ich.

Die alten Muster sitzen tief. Mütter, Schwestern, Freundinnen, Tanten, Großmütter – die Frauen, die einen Jungen durch seine Kindheit und Jugend begleiten, müssen einen langen Atem haben, um dem kleinen Herren geduldig und stur immer wieder zu verklickern: Die Hausarbeit wird gerecht verteilt. Alle packen mit an – jeder so gut er kann.

Noch eins: Viele Männer stellen sich betont ungeschickt in Haushaltsdingen an. »Tee kochen? Keine Ahnung, wie das geht!« »Eier in die Pfanne hauen? Klappt nicht besonders!« Kein Wunder, dass die kleinen Herren ihnen nacheifern, wenn sie merken, dass die alten damit durchkommen.

Genervte Mütter und Partnerinnen verlieren an diesem Punkt leicht die Geduld, greifen ein und übernehmen die Arbeit wieder mit Kommentaren wie: »Wie kann man sich nur so ungeschickt anstellen? Gib her, ich mach das schon!« Damit leisten sie der männlichen Bequemlichkeit in Haushaltsdingen erneut Vorschub. Kein Wunder, dass sich die Männer, egal ob klein oder groß, jetzt wieder zurückziehen und laut und deutlich sagen:

»Wussten wir doch gleich, Männer haben kein Geschick in Haushaltsdingen!« Besser als das schnelle Eingreifen: Frauen sollten sich in Geduld üben. Die Partner und Söhne eine Weile unbeaufsichtigt ihre Erfahrungen im Kochen und Putzen sammeln lassen. Schubst man sie immer gleich zur Seite, kommen sie nie über das Anfängerstadium hinaus.

Und noch eins: Ist der Haushalt der Bereich der Mutter, weil sie ihre Bestätigung darin findet, wunderbar zu kochen und die Haushaltsdinge bestens im Griff zu haben, dann muss sie sich nicht wundern, dass sich ihr Sohn zurückzieht, weil er spürt: Die Mama will eigentlich doch gar keine Arbeit abgeben. Ich darf nichts selbst bestimmen, sondern soll ihr nur zu Diensten sein. Dabei vergeht jedem die Lust.

Wer auf die Mithilfe seiner Kinder pocht, muss es ertragen, dass der Tisch nicht perfekt gedeckt ist und die Servietten fehlen.

Wenn Mütter ihren Söhnen die Arbeit abnehmen

Leider gibt es auch heute noch Frauen, glücklicherweise seltener als früher, die den männlichen Nachwuchs nach alter Art verwöhnen. Das bedeutet, dass sie bei einem männlichen Wesen, und sei es noch so klein, gleich den Schongang einlegen. Einem Jungen wird jeder Wunsch von den Augen abgelesen, und so wird ihm das Gefühl vermittelt, er sei der Größte und für ihn gelten spezielle Gesetze – zum Beispiel bei der Hausarbeit.

Drei Schwestern und ein Bruder leben allein mit der Mutter.

Jeder hat festgelegte Pflichten im Haushalt. Der kleine Bruder ist dafür zuständig, den Mülleimer auszuleeren. Total verschossen in ihren charmanten Fünfjährigen, verschwört sich die Mutter mit ihrem Sohn öfter heimlich, und prompt wird der Mülleimer wieder von Mami ausgeleert, weil der Junge doch sooo müde ist nach dem Kindergarten. Der Junge lässt das natürlich gerne geschehen.

Auch wenn es auf den ersten Blick recht bequem ist, sich Pflichten von einer überbesorgten Mami abnehmen zu lassen, im Grunde seines Herzens hat mancher Junge seine Schwierigkeiten mit dieser übertriebenen mütterlichen Besorgnis um sein Wohl. Von so viel Fürsorge fühlt er sich schnell erdrückt, und wenn er dazu noch zu Dankbarkeit verpflichtet wird und ihm Schuldgefühle gemacht werden, sind das nicht unbedingt erfreuliche Gefühle.

Abgesehen davon, tut keinem Jungen eine solche Verwöhnung gut.

Wird einem Dreikäsehoch alles Unbequeme abgenommen, macht er es sich auf dem Ruhekissen, das ihm geboten wird, bequem und genießt die Sonderbehandlung. Daran gewöhnt, dass für ihn gesorgt ist, wird solch ein verwöhnter junger Mann später durch große Ansprüche auffallen, denn ganz selbstverständlich geht er davon aus, dass er immer Frauen finden wird, die ihn in gewohnter Weise umsorgen.

Solange Frauen ihre Männer und Söhne verwöhnen, ihnen die Hemden bereitlegen und das vorgewärmte Handtuch parat halten, werden die männlichen Wesen, egal ob klein oder groß, die Paschas bleiben, die sie früher schon waren: Selbstverständlich wird erwartet, dass die Mama alles richtet. Tut sie es nicht, gibt es zuerst ein großes Geschrei, das aber bald verhallt. Die Männer in der Familie tun sich zusammen und beherrschen plötzlich das, was sie doch eigentlich gar nicht können:

- Wäscheberge zusammenlegen und wegtragen,
- Flaschen aussortieren,
- Fegen und Wischen.

Deshalb sollten sich begeisterte Hausfrauen zuweilen aus dem Staub machen. Einfach mal für ein paar Tage aussteigen und aus der Distanz beobachten, wie gut Vater und Sohn im Alltag zurechtkommen. Sie sind gar nicht so ungeschickt, wie sie oft behaupten.

Glücklicherweise scheinen die Vollbluthausfrauen alten Musters aber langsam auszusterben. Die meisten Frauen fordern heute ziemlich selbstbewusst: »Pack mit an! Wir teilen uns die anfallende Arbeit.«

Bitte nicht mit anderen vergleichen

Auf dem Spielplatz, im Kindergarten – immer häufiger erleben Eltern ihren Sohn jetzt in Gesellschaft anderer. Und damit beginnt das Vergleichen. Auch wenn sie sich fest vorgenommen haben, ihr Kind nicht an Gleichaltrigen zu messen, so geschieht es doch, und mancher Junge bekommt dann genau die Sprüche von seinen Eltern zu hören, die sie selbst schon als Kinder zu hören bekamen und gehasst haben:

»Daniel knetet wunderschöne Elefanten. Willst du nicht auch einen schönen Elefanten kneten?«

»Sebastian kann sich die Stiefel schon allein ausziehen. Willst du nicht ausprobieren, ob du's auch kannst?«

Vor allem ängstliche, unsichere Eltern kommen ihrem Kind gerne mit den anderen: »Schau mal, was dein Freund Peter schon alles kann!« Auch wenn der eigene Sohn nicht mithalten kann, sieht eine Mutter ihren Nachwuchs meist in milderem Licht und lässt auf ihn nichts kommen. Ein Vater beäugt seinen Sohn in der Regel kritischer und kommt gerne mit guten Ratschlägen: »Das, was die anderen können, kannst du auch. Du musst das nur so und so anpacken!« Mit ihrer Besserwisserei nehmen sie dem Sohn dann erst recht jeden Elan.

Stehen Eltern dauernd kritisch beobachtend im Hintergrund, messen sie ihren Sprössling immer am Können anderer, erreichen sie mit dieser Haltung oft das Gegenteil von dem, was sie erreichen möchten: Ihr Sohn verschließt sich.

JUNGEN
IM SCHULALTER

Der Dreikäsehoch hat sich zu einem Schulkind gemausert, das in Riesenschritten selbständig wird und immer häufiger eigene Wege geht. Das Loslassen fällt vor allem derjenigen unter den Müttern schwer, die eine sehr enge Beziehung zu ihrem Sohn haben. Es stimmt ja, dass sich der Junge von zu Hause langsam lösen muss – aber es fällt schwer, die enge Vertrautheit zu lockern. Der Vater wird nun als Vorbild immer wichtiger. Neben der Familie spielen die Freunde eine große Rolle.

Die besonderen Merkmale in dieser Phase

In der Turnhalle sind sie die Größten. Auf dem Schulhof die Stärksten. Im Klassenzimmer die Lautesten. Jungen sind ganze Kerle, die einiges einstecken können, und das zeigt jeder einzelne mit Wonne:

● Auf dem Fußballplatz, wenn er immer intelligenter taktiert oder lernt, akrobatische Kunststücke zu vollbringen, und lässig einen Tritt in die Wade verkraftet.

● In der Straßenbahn, wenn er obercool mit seinen Altersgenossen herumblödelt und sich von den verärgerten Blicken seiner Mitfahrer nicht irritieren lässt.

● Im Kinderzimmer, wenn er mit seinem Bruder oder Freund balgt, einen Höllenlärm veranstaltet und darauf beharrt, dass diese Raufereien stinknormal und ein Heidenvergnügen seien. Und legt er sich dann abgeschlafft von seinen Heldentaten vor dem Fernseher lang und zappt durch die Programme, dann fühlt er sich in seiner rauen Männlichkeit zusätzlich bestätigt, wenn auf dem Bildschirm Muskelpakete von Männern oder wahnsinnig lockere Typen die Helden mimen. Zu seiner Freude finden sich Männer mit knallharten Macho-Allüren in allen Programmen, denn die megastarken Supermänner und fit-fröhlichen Kraftprotze, die ihm Eindruck machen, bevölkern die Fernsehserien und Werbespots zuhauf. Auch in den Computerspielen und Videos, die bei Jungen hoch im Kurs stehen, tauchen sie auf. Begeistert und mit leuchtenden Augen schaut der Kleine sie an und nimmt sich vor: »So möchte ich auch mal sein! Ein Typ, den nichts umhaut.«

So stark sich ein Junge auch gibt, in seiner Entwicklung ist er anfangs etwas langsamer als gleichaltrige Mädchen. Übrigens fühlen sich die Mädchen den Jungen, obwohl es noch keine deutlichen Unterschiede der Geschlechter in puncto Stärke und Beweglichkeit gibt, jetzt kräftemäßig bereits unterlegen. Die verbreitete Meinung, sie seien schwächer, wird von ihnen übernommen. Sie basiert also nicht auf eigenen Erfahrungen. Und die Jungen genießen es sichtlich, wenn sich die Mädchen körperlich unterlegen fühlen.

Die Schwächen der Jungen sind nicht so offensichtlich. Mit der Feinmotorik tut sich zum Beispiel manch männlicher Held schwer. Es ist nicht seine Lieblingsbeschäftigung,
- mit Schere und Klebstoff zu hantieren, feine Figürchen auszuschneiden und zusammenzukleben,
- mit dem Pinsel und zarten Strichen feine Bilder zu malen,
- mit dem Füller Buchstaben genau auf Linie zu setzen.

Als besonders beschämend empfindet er es, wenn die Mädchen dann naserümpfend auf ihn herabsehen. In solch einem Moment fühlt sich mancher Bastel-, Mal- und Schreibkünstler eher mickerig, vor allem dann, wenn er in dem Bewusstsein erzogen wird, doch eigentlich in allen Bereichen zum starken Geschlecht zu zählen.

Aus diesem Minderwertigkeitsgefühl heraus kann, wenn die Eltern und Lehrer nicht frühzeitig gegensteuern, eine Mutlosigkeit erwachsen: Es hat ja doch keinen Zweck, dass ich mich anstrenge. Ich bringe einfach nichts Überragendes zu Papier.

Deshalb ist es eine Erlösung für manchen Jungen, wenn die Schulstunden endlich passé sind und er auf dem Heimweg über Hecken und Zäune klettern kann, um so zu beweisen, dass es Dinge gibt, die er wirklich gut kann!

Wieso sind wir so anders?

■ *Cousins und Cousinen – sie haben schon zusammen auf dem Teppich ihre ersten Krabbelversuche gemacht, später gemeinsam im Sandkasten Kuchen gebacken und bei gemeinsamen Ferien an der See Muscheln gesammelt – meist in trauter Eintracht. Jetzt, im Alter zwischen sieben und neun, bröckelt die Eintracht. Die Cousinen bezeichnen die Vettern als blöd. Sie halten plötzlich gar nichts mehr von Jungen. Das sind in ihren Augen laute Grobiane, die zu nichts Vernünftigem zu gebrauchen sind.*

Die Cousins lehnen die Mädchen nicht ganz so vehement ab, aber sie wissen mit ihnen auch nichts Richtiges mehr anzufangen. Die Mädchen lesen ja nur noch oder malen Bildchen und bleiben am liebsten unter sich. Mit Jungen wollen sie nichts mehr am Hut haben.

Die Eltern beobachten diese Entwicklung staunend: Die Kinder hatten doch ein prima Verhältnis zueinander – wieso bloß dividieren sich Jungs und Mädchen jetzt auseinander? Ist dieses Verhalten nun angeboren oder erworben? Keiner weiß es so genau.

Im Grundschulalter ist die Welt aus Kindersicht noch in Ordnung. Mit großer Zuversicht schauen die meisten jetzt in die Zukunft und messen ihr Können gerne mit dem ihrer Altersgenossen – sportlich und spielerisch. Noch ist ihr Verhalten nicht durch starke Rivalitäten geprägt. Während die Jungen auf dem Schulhof ihre Kräfte messen, um die Wette rennen und raufen, schauen die Mädchen dem Treiben oft verständnislos zu. Das ist nichts für sie. Viel zu ungehobelt. Sprachlich den männlichen Altersgenossen in dieser Phase meist reichlich überlegen, sind sie vor allem damit beschäftigt, mit ihren Altersgenossinnen zu reden.

Manchmal bekommen auch die Mädchen auf dem Schulhof Streit miteinander. Ihre Auseinandersetzungen enden aber selten handgreiflich. Sie rennen nicht mit voller Wut aufeinander zu, um zu raufen wie die Jungen, sondern gehen lieber beleidigt auseinander und neigen dazu, jede Unfreundlichkeit gleich persönlich zu nehmen. Oder sie tun nach außen hin so, als ob wieder Frieden sei, sind im Innern aber noch sauer.

Jungen sind anders. Wenn sie mit anderen im Clinch liegen, dann kämpfen sie mit den Fäusten oder handeln interessenorientiert. Das heißt: Sie lenken ein, wenn der andere tut, wozu sie Lust haben. Wenn nicht, lassen sie es auf eine längere Auseinandersetzung ankommen.

Noch keine Spur von Eitelkeit

In den ersten Schuljahren ist es einem Schuljungen meistens ziemlich egal, was er anhat. Erst mit zunehmendem Alter orientiert er sich an seinen Freunden, dann entwickelt sich sein Mode- und Markenbewusstsein. Noch futtert er wie ein Scheunendrescher, ohne sich daran zu stören, wenn er dabei zulegt, denn auf sportliches und besonders gutes Aussehen legt er noch wenig Wert. Er zerbricht sich nicht den Kopf über etwas, das er kaum ändern kann.

Mit den Jahren verändert sich ein Junge übrigens weit mehr als ein Mädchen, wie Untersuchungen ergeben haben.

Was geben Eltern ihrem Sohn mit?

Jedes Kind braucht, ganz egal, wie alt es ist, Liebe und Geborgenheit – aber gerade als Schulanfänger benötigt es besonders viel Zuwendung, um die vielen neuen Anforderungen, die mit der Schule an es gestellt werden, zu bewältigen. Den Stress mit den Hausaufgaben. Die Ansprüche der Freunde. Die Pflichten zu Hause.

Dass es besonders geliebt wird, wenn es sich so verhält,

wie es Mutter und Vater erwarten, weiß ein Kind von klein auf. Und ob es die Erwartungen der Erwachsenen erfüllt oder nicht, kann es nicht nur an den Worten ablesen, die es von ihnen zu hören bekommt, sondern auch an ihren Augen, an ihrer ganzen Körperhaltung.

Damit der Junge kein zarter Engel bleibt

■ *Alle schenken ihm bewundernde Blicke, denn der Achtjährige ist ein besonders zarter, zerbrechlich wirkender Junge und gleicht mit seinen blonden Locken einem sanften Engel. »Hoffentlich wird sich dieses engelsgleiche Aussehen später geben«, denkt sein Vater und betrachtet den Sohn nachdenklich. Er macht sich viele Gedanken darüber, wie er seinen Sohn abhärten, fit fürs harte Männerleben machen kann, denn Engel haben in dieser Welt keine Chance, davon ist er fest überzeugt. Deshalb zwingt er seinem Sohn ein Abhärtungsprogramm auf. Der Knabe muss Ski fahren lernen, obwohl er auf vereisten Buckelpisten Angst hat. Muss bei Wind und Wetter mit dem Papa joggen, obwohl er nicht die geringste Lust dazu hat. Muss mit ihm auf die Jagd gehen, obwohl er mit den gehetzten Tieren leidet. Die Folge dieser Maßnahmen: Der Junge ist froh, wenn sich Papa zu Hause nicht blicken lässt, denn dann bleibt er von seinen Abhärtungsmaßnahmen verschont. Außerdem entwickelt er einen starken Widerwillen gegen Ski laufen, Joggen und die Jagd.*

Eltern lassen ihren Nachwuchs, ob bewusst oder nicht, immer spüren, welche Erwartungen sie an ihn haben. Wie Schwaden hängen ihre Vorstellungen in der Luft. Typische Vorstellungen sind zum Beispiel: Der Sohn soll nicht schön, sondern eher groß und stark und zupackend sein. Tapfer und nicht zu wehleidig. Aktiv und nicht zu schlapp. So werden die eigenen Wünsche, die alten Geschlechterklischees einem Kind fast unmerklich immer wieder vermittelt.

Nach wie vor stellen Eltern an einen Sohn höhere Leistungsanforderungen als an eine Tochter. Sie werden von Versagensängsten geplagt, wenn der Junge in der Schule Schwierigkeiten hat. Die meisten Erwachsenen gehen davon aus, dass beruflicher Erfolg für einen Mann wichtiger ist als für eine Frau. Deshalb hat manche Mutter, mancher Vater das spätere Leben des Sohnes immer vor Augen und die Ziele, die bis dahin erreicht werden müssen. Deshalb üben viele erheblichen Druck aus.

Verstellen sich die Eltern, verstecken sie ihre Ansprüche an den Sohn, geben sie sich lockerer, als sie sind, spürt ihr Kind seismographisch, dass sie Theater spielen.

Wenn Eltern nicht sagen, was sie denken

■ *Die Eltern des Zwölfjährigen sind beunruhigt, weil die Schulleistungen ihres Sohnes reichlich zu wünschen übrig lassen. Weil sie nicht als zu ehrgeizig gelten mögen, weil sie sich gerne großzügig und lässig geben, erklären sie, es sei ihnen nicht wichtig, ob der Sohn ein guter oder schlechter Schüler sei, Hauptsache, es ginge ihm gut. Alles andere werde sich später finden.*

Diese zur Schau gestellte Haltung entspricht nicht der Wahrheit, denn innerlich sind die beiden ganz anderer Meinung. Ihr Sohn weiß längst, was in Wahrheit los ist. Er kann ihnen ihre wirkliche Meinung an der Nasenspitze ablesen. Allerdings ist für ihn nicht nachvollziehbar, warum sie solch ein Theater spielen und nicht sagen, was sie wirklich denken. Dieses Doppelspiel verunsichert ihn erheblich.

Sensible Kinder reagieren empfindlich auf Doppelbotschaften: Die Erwachsenen sagen etwas anderes, als sie denken und durch Mimik und Gestik ausdrücken. Der Nachwuchs fühlt sich dadurch hintergangen und verunsichert. Die Folge: Die Kinder blockieren und ziehen sich in sich selbst zurück. Oder sie steuern den Gegenkurs, werden pampig, provozieren die Erwachsenen in der Hoffnung, dass sie dann sagen, was sie wirklich meinen. Sie versuchen, sich zu wehren, indem sie aufdrehen und frech werden.

Unterstützen und begleiten

In der Anfangsphase mit Kind sind viele Mütter in ihrem Element – sie sorgen nicht nur gut für ihren Nachwuchs, sondern auch für sich selbst. Es macht ihnen Freude, sich in der Familie zu verwirklichen. Eine möglichst perfekte Mutter wollen sie sein.

Wenn ihr Sprössling zur Schule kommt, ist die Zeit der Rundum-Versorgung vorbei. Der Sohn wird jetzt mit jedem Tag selbständiger und schwimmt immer seltener im Fahrwasser der Mutter. Zwar darf diese ihn in der ersten Klasse noch bis zur Schultür begleiten, aber viel weiter nicht. Schritt für Schritt will er langsam weiter auf Abstand zu seinen Eltern gehen. Eine sehr aktive Mutter, die wunderbar funktioniert und perfekt für ihn sorgt, ist nicht unbedingt das, was er dabei gebrauchen kann. Kommt sie jetzt mit vielen guten Ratschlägen an, fällt dem Jungen ihr Einsatz schnell auf die Nerven. »Lass mich in Ruhe! Ich bin doch kein kleiner Junge mehr!«, schmettert er das mütterliche Bemühen ab. Es fängt ihm an peinlich zu werden, wenn seine Mutter ständig um ihn herumschwirrt. Besonders schrecklich ist für ihn, wenn seine Kumpel mitbekommen, dass er von ihr wie ein kleines Kind umsorgt wird. Das Schlimmste für einen Schuljungen: in den Ruf eines zarten Muttersöhnchens zu kommen. Auf dem Weg zur Männlichkeit kann er kein »Weibergetue« mehr gebrauchen. Das passt nicht ins Bild.

Kreuzt dagegen der Vater jetzt öfter in seinem Dunstkreis auf, ist das für den Sohn schon eher erträglich, oft sogar erfreulich, denn dann sind Männer unter sich. Reine Männergesellschaften werden nun zunehmend interessant.

Eine kluge Mutter zieht sich deshalb vorsichtig zurück, denn sie weiß längst: Ich muss nach und nach deutlich auf Abstand zu meinem Sohn gehen. Die ersten zarten Schritte der Ablösung bringt eine Jungenmutter schon zu Kindergartenzeiten hinter sich, die nächsten sind jetzt fällig.

Wenn sie dann ein Stück mehr auf Distanz gegangen ist, kommen schon mal Zweifel auf: Schön und gut, wenn ich mich weniger um mein Kind kümmere, aber tragen wir Eltern nicht die Verantwortung für den Jungen? Verantwortung übernehmen heißt doch auch sich kümmern? Ist ein Junge im Schulalter wirklich schon alt genug, um die Verantwortung für sich weitgehend selbst zu übernehmen? Das Sinnvollste in dieser Situation ist, wenn Mutter und Sohn sich gemeinsam einigen und nach einem Kompromiss suchen, nach einem Mittelweg zwischen dem Freiheitsdrang des Jungen und der Fürsorge seiner Mutter.

»Ich brauche keinen Kontrolleur!«

■ *Ein Zehnjähriger empfindet es als lästig, wenn seine Mutter darauf besteht, seine Hausaufgaben täglich zu kontrollieren. Er wehrt sich dagegen: »Ich kann selbst für mich sorgen und brauche keinen Kontrolleur!« Die Mutter des Jungen zeigt daraufhin Verständnis für den Unwillen ihres Sohnes, erklärt aber gleichzeitig, warum sie ein Auge auf die Schulaufgaben werfen möchte, und bietet einen Kompromiss an: »Du übernimmst weitgehend selbst die Verantwortung für deine Schulaufgaben, aber die Matheaufgaben schaue ich mir öfter an, weil Mathe dein Problemfach ist. Da kannst du meine Hilfe ab und zu noch gebrauchen!« Die beiden einigen sich darauf, dass die Initiative von dem Sohn ausgehen soll: Er sagt, wann er in Mathe Unterstützung braucht.*

Wer größere Schwierigkeiten damit hat, den Sohn ziehen zu lassen, sollte sein Augenmerk nicht zuerst auf den Jungen richten, sondern sich selbst kritisch im Spiegel betrachten und fragen: »Warum klebe ich so an dem Kleinen? Warum fühle ich mich immer noch gefordert, obwohl ich doch froh und glücklich sein könnte, wieder mehr Zeit für mich zu haben – mehr Spielraum?« Oft ist die Lösung einfach – auch wenn das nicht gleichzeitig heißen muss, dass man sie leicht akzeptieren kann. Mögliche Antworten:

- Es ist ein schönes Gefühl, einen Sohn um sich zu haben, auf den man stolz ist, mit dem man sich schmücken kann.
- Es macht Spaß, einen »Mann« um sich zu haben. Und kleine Söhne sind kleine Männer. Es befriedigt eigene Sehnsüchte, schmeichelt nicht zuletzt der weiblichen Eitelkeit, von einem Sohn hofiert zu werden und zu denken: Er weiß mich zu schätzen.
- Es lenkt ab. Wer ordentlich zu tun hat, mit Kind und Kegel beschäftigt ist, ist wunderbar abgelenkt, kann die eigenen Probleme beiseite schieben und sich eine Weile um die Erkenntnis herumschummeln, dass der Sohn zum hauptsächlichen Lebensinhalt geworden ist und ein großes Loch entsteht, wenn er sich selbständig macht.

Den eigenen Seelenfrust nicht beim Sohn abladen

Wenn das Leben nicht so glatt läuft, wie sie es sich erhofft hat, versucht manche Frau, die eigenen Defizite dadurch auszugleichen, dass sie sich völlig auf ihren Sohn fixiert. Er muss für all das herhalten, was sie vermisst:

- Er soll ihr Gesprächspartner sein. Der Junge muss sie unterhalten – das heißt, immer dann für Gespräche zur Verfügung stehen, wenn sie das Bedürfnis danach hat.

- Er soll ihr Vertrauter sein. Der Sohn wird über alles im Leben seiner Mutter informiert, wird ins Vertrauen gezogen und mit den Problemen konfrontiert, die seiner Mutter auf der Seele lasten.

Wird ein Junge, gefragt oder ungefragt, über jede Schwingung des mütterlichen Seelenlebens informiert und laufend in die Probleme der Mutter eingeweiht, wird er damit über Gebühr belastet.

Sich von einer Besitz ergreifenden Mutter zu befreien fällt einem Sohn dann besonders schwer, wenn er solch ein spezielles, besonders intensives Vertrauensverhältnis zu ihr hat. Für ihn ist es deshalb eine große Entlastung, wenn er nicht der einzige Mann im Haus ist, sondern die Mutter einen Partner hat, der sich ebenfalls für ihr Seelenheil zuständig fühlt.

Der Traumvater – das große Vorbild für den Sohn

Zieht sich der Vater aus dem Familienleben zurück, investiert er seine Kräfte vor allem in Beruf und Hobby, dann prägt sich dieses väterliche Verhalten dem Sohn tief ein, sagen Psychologen. Es ist nicht ganz unwahrscheinlich, dass der Junge diese Muster später als Erwachsener wiederbelebt und im Mannesalter in die Fußstapfen seines Vaters tritt.

Erstaunlicherweise ist ein Vater, der sich zu Hause kaum sehen lässt, nicht selten besonders beliebt bei seinem Sohn, und das hat verschiedene Gründe:

- Bequemlichkeit. Mit einem abwesenden Vater muss man sich nicht auseinandersetzen. Es kann bei weitem angenehmer sein, die Dinge des Alltags nur mit der Mutter auszuhandeln – vor allem dann, wenn diese sich von ihrem Filius leicht um den Finger wickeln lässt, viel leichter als der Papa.

- Sonnenseiten. Ist der Vater nur ab und zu daheim und für die Sonntage zuständig, dann gerät man auch mit ihm kaum aneinander und genießt die Sonnenseiten des Lebens

> ### Wenn der Vater oft abwesend ist
>
> ■ *Eine typische Familiengeschichte: Die Eltern eines achtjährigen Jungen sind beruflich stark eingespannt. Während beide im Büro arbeiten, wird ihr Sohn in der Schule oder von einem Au-pair-Mädchen betreut. Nach der Bürozeit kümmert sich die Mutter um ihren Sohn. Seinen Vater bekommt der Junge dagegen nur selten zu Gesicht, denn während der Woche verschwindet er nach der Arbeit gleich im Fitness-Center oder zum Joggen. Und am Wochenende will der Vater von seinem Sohn auch nicht viel sehen, weil er dann ausspannen, sich für die kommende Woche regenerieren will. Der Junge nimmt die häufige Abwesenheit seines Vaters scheinbar gelassen hin.*

Ist der Vater in der Realität nicht so, wie er ihn gerne hätte, kann sich ein Junge in seinen Träumen einen Ersatzvater schaffen. Einen, der all die Eigenschaften besitzt, die er sich wünscht. Der viel Verständnis und viel Zeit für seinen Sohn hat. Der wunderbare Ausflüge mit ihm unternimmt, ihn überall hin mitnimmt. Der ein wahrer Held ist. Einfach der Größte und damit ein großes Vorbild. Dass dieser Traumvater mit dem echten wenig zu tun hat, gerät beim Träumen manchmal in Vergessenheit.

Die Berufswelt des Vaters

Träumt ein kleiner Junge vor allem von seinem Vater, statt ihn im Alltag zu erleben, hat er keinen Zugang zu dessen beruflichem Leben, das täglich so viele Stunden in Anspruch nimmt und sich fern von zu Hause abspielt, dann entfremdet diese strikte Trennung in Privat- und Berufssphäre Vater und Sohn auf Dauer. Übrig bleibt ein großer weißer Fleck: »Keine Ahnung, was mein Papa wirklich macht!«

Darf der Sohn seinen Vater hingegen ab und zu am Arbeitsplatz besuchen, dann wird das Bild bald farbiger und lebendiger. Erlebt ein Junge dort mit, was den Beruf seines Vaters ausmacht, erlebt er auch Hektik und Stress, dann kann er sich eher ein Bild von diesem Teil des väterlichen Lebens machen und damit vielleicht mehr Verständnis für die häufige Abwesenheit aufbringen, denn plötzlich kann er besser nachvollziehen, warum der Vater in Gedanken oft abwesend ist oder erschöpft. Das verbessert die Beziehung zwischen den beiden – vor allem dann, wenn der Vater seinen Sohn nicht nur zuschauen lässt und ihm von seinen Erfolgserlebnissen berichtet, sondern auch offen von seinen Misserfolgen berichtet, von seinen Erlebnissen, Gedanken und Gefühlen (richtig dosiert, auf die Aufnahmekapazität eines Kindes abgestimmt).

Natürlich würde es ebenfalls Sinn machen, die Mutter an ihrem Arbeitsplatz zu besuchen, aber den Vater dort zu erleben ist einem Jungen wesentlich wichtiger. Das hat verschiedene Gründe:

Etwa vom sechsten, siebten Lebensjahr ab identifiziert sich ein Sohn bewusster und intensiver mit seinem Vater als mit seiner Mutter. Ihm wird auf einmal klar: Ich werde später ein Mann sein – so wie mein Vater. Er fragt sich: Will ich so werden wie er, soll er mein Vorbild sein? Erlebt ein Junge seinen Vater kaum oder nur selten, so hält er Ausschau nach anderen Männern in seinem Umfeld, die er gut kennt und an denen er sich orientieren kann.

Starke Väter – eine besondere Belastung?

Ist der Vater ungeheuer tüchtig, trumpft er vor allem mit Erfolgserlebnissen auf, strotzt er vor Vitalität und Kraft und zeigt nur selten Schwäche, dann hat der Sohn wahrscheinlich daran zu knapsen, an dieses Energiebündel heranzureichen. Manchem Jungen nimmt das den Mut: »Da kann ich nicht mithalten!« Um die eigenen nagenden Zweifel zu überspielen, gibt sich der Stöpsel extra groß. Er spielt den Helden, obwohl ihm gar nicht so heldenhaft zumute ist. Er trumpft auf dem Schulhof groß mit Erfolgserlebnissen auf, um dann höllisch zu leiden, wenn andere ihn als Angeber bezeichnen. Die Not, die hinter der Angeberei steckt, können Gleichaltrige noch nicht ermessen. Umso wichtiger ist, dass die Erwachsenen, Lehrer und Eltern, nach dem Grund forschen, der ausschlaggebend für die Prahlerei sein könnte und gegensteuern.

Die Anteilnahme an dem Sohn hält sich in Grenzen

Ein Vater, der immer unterwegs ist, erklärt gerne nachdrücklich, wenn man ihn nach der Beziehung zu seinem Sohn fragt, dass er engen Kontakt zu ihm hielte. Schließlich telefonierten sie täglich miteinander. Fragt man dann detailliert nach, wird bald offensichtlich, dass er keine Ahnung davon hat,

- wie der beste Freund des Sohnes heißt,
- wann die Hausaufgaben normalerweise erledigt werden,
- wie der Klassenlehrer ist.

Nimmt ein Vater wenig Anteil an dem alltäglichen Dasein seines Sohnes, dann wird das als Mangel an Engagement verbucht: »Mein Vater will nichts von mir wissen!« Ein desinteressierter Vater muss sich deshalb nicht wundern, wenn er Jahrzehnte später noch von seinem Sohn zu hören bekommt: »Dir ist doch ziemlich egal, wie es mir geht! Du hast nie gefragt: ›Was machst du eigentlich?‹« Nur selten gelingt es dann noch, eine Brücke über den Graben zu bauen, der Vater und Sohn trennt.

Ein Jungenvater hat besondere Aufgaben

Längst nicht jeder Vater ist desinteressiert und dauernd abwesend. Viele Väter sind für ihre Söhne da. Sind bereit, sich mit ihnen zu beschäftigen – nur wie beschäftigen? Oft mangelt es an der richtigen Idee.

- Ein erster Tipp: Väter spielen meistens gerne und Söhne ebenfalls. Zum Spielen gehört anständiges, brauchbares Spielzeug. Das beste Spielzeug für jüngere Kinder ist und war schon immer das selbst erfundene, selbst gemachte Spielzeug. Spielzeug basteln ist
– einerseits eine gute Möglichkeit für Vater und Sohn zusammenzukommen,
– andererseits eine gute Möglichkeit, gemeinsam zu werkeln, denn neben dem Spielen ist auch das Hantieren mit Werkzeugen und verschiedenen Materialien die Lieblingsbeschäftigung vieler Väter und Söhne.

Beim Spielzeugbasteln lernt ein Kind, seine Hände zu gebrauchen, mit Hammer, Nägeln, Säge, Schere und Taschenmesser umzugehen.

Zunächst braucht ein Kind noch Anleitung durch einen Erwachsenen. Deshalb ist es ein Segen, wenn sich ein Vater die Zeit nimmt, seinem Sohn bei der Arbeit zu helfen und ihm zu zeigen, wie ein Nagel mit dem Hammer in Holz geschlagen wird. Neben der Anleitung braucht ein Bastler die

Ermutigung durch einen Erwachsenen, kreativ zu sein, verrückte Ideen zu verfolgen und umzusetzen, auf seine Individualität und seinen Erfindungsgeist zu bauen. Wer geschickt mit den Fingern ist, wer mit verschiedenen Werkzeugen und Werkstoffen sicher umgehen kann, schafft sich eine eigene Welt. Fantasievolle Ideen nehmen Gestalt an: Aus alten Dosen werden Roboter, aus Pappschachteln Rennwagen. Damit entsteht ein Gegengewicht zu Computerspielen und Fernsehen.

- Ein zweiter Tipp: Rituale pflegen. Fixpunkte setzen, auf die sich ein Kind freuen kann – Unternehmungen planen wie:
  – zusammen ins Fußballstadion gehen,
  – zusammen ein prächtiges und ausgedehntes Frühstück genießen,
  – zusammen ins Kino gehen,
  – zusammen Schach spielen.

Stimmt die Beziehung zwischen Vater und Sohn, ist nicht nur der Sohn glücklich, wenn Papa ihn an die Hand nimmt und die beiden gemeinsam im Hobbykeller verschwinden oder draußen die Welt erkunden. Auch das Umgekehrte gilt: Mancher Vater ist freudig erregt, wenn er endlich wieder aus Legosteinen eine Burg mit Zugbrücke bauen darf.

Väter sind Väter und nicht die allerbesten Freunde

Weil Väter kaum bei Elternabenden in der Schule auftauchen, selten zu Hause dafür sorgen wollen, dass das Kinderzimmer aufgeräumt und der Hund ausgeführt wird, erleben sie die ganz normalen Alltagsquerelen mit Kind oft nur am Rande mit. Mancher Vater tut gerne so, als gäbe es

> ### Jeden Samstag eine große Wanderung
>
> ■ *Der Zwölfjährige bekommt seinen Vater nur am Wochenende zu Gesicht. Das Wiedersehen läuft nach dem immer gleichen Schema ab: Der Papa kommt samstags nach Hause, zieht sich um, trinkt Tee und macht danach einen etwa zweistündigen Spaziergang. Bei Wind und Wetter findet der Spaziergang statt, und immer begleiten Sohn und Hund den Vater.*
>
> *Auf diesem Spaziergang reden die beiden miteinander, nicht über Alltagsdinge und Reizthemen wie Schulprobleme oder mangelnde Mitarbeit im Haushalt, sondern es wird über Gott und die Welt gesprochen.*
>
> *So erzählt der Vater ausführlich von seinem Beruf, lässt den Sohn wenigstens auf diese Weise an seinem Leben teilhaben und fragt ebenso ausgiebig nach dem, was das Kind beschäftigt: nach seinen Erlebnissen, nach seinen Interessen, nach seinen Gefühlen und Gedanken. Der Junge liebt diese Gespräche, weil er*
> - *erstens als Gesprächspartner ernstgenommen wird,*
> - *zweitens Spannendes aus dem Leben seines Vaters erfährt,*
> - *drittens einen guten Zuhörer in seinem Vater findet.*
>
> *Weil auf dieses samstägliche Ritual Verlass ist, kann der Junge die Vorfreude darauf auskosten.*
>
> *Dass der Vater nur am Wochenende für ihn Zeit hat, stört den Jungen nicht besonders. Den zweistündigen Spaziergang betrachtet er als Ausgleich für die häufige Abwesenheit seines Vaters. Auf die Idee, dass Spaziergänge langweilig seien, was seine Freunde oft sagen, ist der Junge übrigens noch nie gekommen.*

kaum Konflikte zu Hause oder als seien viele Konflikte nicht der Rede wert. Er ist ein Weltmeister der Verdrängung, hält Erziehung für ziemlich überflüssig und begründet das meist damit, dass er sich auf die Wirkung des elterlichen Vorbilds stütze, außerdem ein Kind frühzeitig selbständig werden müsse und für seinen Kram selbst sorgen solle. Und dann kommt als Schlusspunkt: »Das reicht doch als Orientierung!« Eigentlich heißt die Botschaft aber: Regeln verabreden, Grenzen setzen, konsequent bleiben – das ist alles nicht mein Ding, denn das erfordert einen Rieseneinsatz. Und um diesen Rieseneinsatz schummelt sich der ein oder andere gerne herum. Dann heißt es: Männer haben Wichtigeres im Sinn, als zu Hause Einsatz zu zeigen. Leider sind sie so eingespannt in ihren Beruf, dass sie keine Kapazitäten mehr für den Alltagskrempel zu Hause frei haben. Wenn das Kind denn unbedingt erzogen werden muss, dann soll das doch bitte die Mutter übernehmen. Und sie tut es auch meistens, obwohl nicht wenige inzwischen den Vätern nacheifern und ebenfalls das Laissez-faire auf ihre Fahne schreiben. Die Folge: Erziehung findet in zunehmend mehr Familien nur noch auf Sparflamme statt.

Entlastet von der mühsamen Erziehungsarbeit, beschränkt sich mancher Vater gerne darauf, der gute Kumpel seines Kindes zu sein – besonders gerne, wenn dieses Kind ein Sohn ist, denn mit ihm kann man genau das tun, was man sowieso machen wollte:

- das Fahrrad reparieren,
- ein Computerspiel installieren,
- Fußball spielen.

Wunderbar, wenn Väter mit ihren Söhnen spielen und man ihnen ihre Begeisterung ansieht. Viele Männer spielen wirklich gut. Natürlich geht ein Sohn begeistert auf solche Angebote ein. Wunderbar, wenn der Papa ein richtig guter Freund ist, aber reicht das? Sicherlich nicht. Ein Kind spürt, wenn sich die Erwachsenen entziehen. Ein Junge braucht zu Hause keinen zweiten großen Jungen, mit dem er nur herumalbern und toben kann. Er braucht einen Mann an seiner Seite, der nicht nur den Sonntagsvater spielt, meistens gut gelaunt und für die schönen Seiten des Lebens, für das Lachen und Blödeln zuständig ist, sondern einen richtigen Vater, der sich mit ihm auseinander setzt. Über die schon wieder nicht erledigten Hausaufgaben mit dem Jungen spricht. Über seine Unpünktlichkeit. Über die Schulnoten. Der Sohn sehnt sich danach, dass der Papa auch mal »Aus, Schluss und Basta« sagt, wenn er üblen Blödsinn treibt – er braucht diese Grenze manchmal, damit er weiß, woran er ist. Immer nur nach der Mutter rufen, wenn ein Problem auftaucht – und das tun etliche Väter recht gerne –, und sie in die Pflicht nehmen, nach dem Motto »Kannst du bitte mal dafür sorgen, dass der Junge jetzt ins Bett geht!« oder »Bitte achte darauf, dass er nicht mit Schuhen auf dem Sofa liegt!« – das reicht nicht.

Weicht ein Vater permanent aus, wenn es gilt, familiäre Schwierigkeiten aus dem Weg zu räumen, dann kann das einem Kind Angst machen: Wieso ist Papa bloß nicht zu fassen? Die Folge dieser Angst sind nicht selten Aggressionen, manchmal Provokationen, damit der Vater endlich einmal auf das Tun seines Sohnes reagiert.

Und wie soll die Erziehung aussehen?

Dass er gemeinsam mit allen anderen Männern zur Krone der Schöpfung gehört, bekommt ein Junge häufig vermittelt: von seinem Fußballtrainer, von seinem Mathelehrer, von seinen Freunden auf dem Schulhof. Und er sonnt sich gerne in diesem Glanz. Der Knirps bildet sich also bisweilen eine Menge auf seine »Männlichkeit« ein. Mit stolzgeschwellter Brust steht er auf dem Schulhof und tut so, als fühle er sich einfach großartig. Locker haut er dann einem Kumpel auf die Schulter: »Glücklicherweise zählen wir zu den Jungen!« Zu den richtigen, echten Jungen. Und richtige, echte Jungen sind einsame Spitze, unschlagbar, so die Sichtweise vieler junger Herren.

Dass es neben ihm auch noch Mädchen gibt, ist für einen Jungen in den ersten Grundschuljahren ziemlich uninteressant. Klar hat er noch aus Kindergartenzeiten ein paar Freundinnen. Und natürlich hat er nichts gegen Mädchen und spielt schon mal mit ihnen, aber er interessiert sich in dieser Entwicklungsphase kaum für seine Klassenkameradinnen. Die Mädchen kommen aus einer anderen Welt, und diese Welt ist ihm piepegal. Statt neugierig auf die Mädchen zuzugehen, dreht er ihnen gerne den Rücken zu und signalisiert: Bleibt ruhig in eurer eigenen Ecke. Auf die Mädchenspiele schaut er gerne ein wenig hochnäsig herab und beschließt: Nichts für mich – nein, wirklich nicht.

Dann in der zweiten, dritten Klasse nimmt ein Junge zu seinem Erstaunen wahr, dass die Mädchen in der Schule häufig an ihm vorbeiziehen. Sie schneiden besser ab und ernten die guten Zensuren, sind eifriger und zuverlässiger bei der Sache als die Jungen, oft konzentrierter, ordentlicher und vor allem fleißiger. Und obwohl er die Nase über die Mädchen rümpft, schaut mancher Junge ziemlich betroffen den Klassenkameradinnen nach, wenn sie ihn überflügeln.

Je unwohler und unsicherer er sich in seiner eigenen Haut fühlt, desto eher neigt ein Junge dazu, Ausschau nach jemandem zu halten, auf den er herabschauen kann. Mancher guckt sich zu diesem Zweck die Mädchen aus. Macht sie in seinen Reden extra klein, nur um sich selbst größer zu fühlen. Als dumme Hennen werden die Mädchen dann bezeichnet und blöde Gänse. Nur gut, wenn so einem kleinen Angeber von den Mädchen dann Kontra gegeben wird und sie klar stellen: Oben und unten steht hier keiner. Wir befinden uns alle auf einer Ebene. Und wenn es dumme Hennen gibt, gibt es auch doofe Gockel.

Falsche Vorstellungen von Männlichkeit

In der zweiten, dritten Grundschulklasse gewinnt ein Kind an Weitblick. Es beginnt langsam, das soziale Gefüge, in dem wir leben, zu hinterfragen, zu durchschauen und möchte ganz gerne zu den Machern zählen – zu denen, die in der Gruppe das Sagen haben. Vor allem die Jungen sind darauf erpicht, denn viele haben das Gefühl, zu den »Herrschenden« gehören zu müssen. Das wird von mir erwartet, glauben sie. Männer haben die Macht – so oder so ähnlich haben sie das irgendwo aufgeschnappt. In einer tönenden Männerrunde vielleicht oder im Fernsehen. Und sie haben es sich eingeprägt.

Und weil ein echter Macher keine Mama im Rücken haben will, die ihm sagt, was er zu tun und zu lassen hat, versucht mancher Gernegroß, dem Einfluss seiner Mutter schleunigst zu entkommen, denn ihr ewiges Nachfragen und Kontrollieren nervt. Er will selbst entscheiden und sich dabei als groß und stark erleben. Er will Erfahrungen sammeln und selbst herausfinden, was richtig und was falsch ist.

Eltern reagieren oft ratlos: Wo kann der Junge seine Freiheit genießen, wo sind die Grenzen dieser Freiheit?

- Der erste Schritt: Das Beste, was sie für ihren Sohn tun können: ihm zeigen, dass sie Vertrauen in seine Fähigkeiten haben und ihm Schritt für Schritt die Verantwortung für sein Tun und Lassen übertragen.
- Der zweite Schritt: den Blick nicht auf den Sohn richten, sondern auf die eigene Person und fragen: »Was sagt mir meine Intuition? Wo braucht mein Kind noch Unterstützung, wo kann ich es laufen lassen?«

Bruderkrieg im Kinderzimmer

Manchmal beginnt der Kampf schon morgens beim Zähneputzen. Wer darf zuerst ans Waschbecken? Dann geht die Auseinandersetzung weiter: Wer darf bestimmen, welches Müsli auf den Tisch kommt? Wer muss den Mülleimer ausleeren? Wer den Tisch abräumen? Streit unter Geschwistern, mit oder ohne Handgemenge, ist ganz normal, strapaziert alle Eltern und ist sogar sinnvoll, denn hier sammeln Geschwister wichtige Erfahrungen:

- Selbsterfahrungen. Beim Zanken lernen Geschwister, sich zu behaupten, Konflikte zuzulassen und zu lösen, Kompromisse zu akzeptieren, sich zu versöhnen. Sie lernen, mit ihren Aggressionen umzugehen.
- Einfühlungsvermögen. Geschwister kennen sich mehr als gut. Sie wissen um die Stärken und Schwächen des anderen, um seine Nöte und Freuden, seine Bedürfnisse und Fähigkeiten. Indem sie bei ihren Streitereien die schwachen Seiten des anderen ausloten, wissen, wie ihre Attacken greifen, beweisen sie ihre Fähigkeit, sich in den anderen hineinzuversetzen, und lernen, dieses Können zu nutzen.
- Selbsterkenntnis. Wer mit seinem Bruder im Clinch liegt, kommt nicht ungeschoren davon. Er muss sich von ihm einen Spiegel vorhalten und einiges sagen lassen. Dabei entwickelt ein Kind die Fähigkeit, sich selbst zu reflektieren.

Beim Streiten lernen Geschwister Lektionen fürs Leben. Das Beste an diesen Auseinandersetzungen ist, dass der Bruder (oder die Schwester) einem, aller Streitigkeiten zum Trotz, erhalten bleibt. Man muss in der Regel keine Angst haben, ihn wegen eines Zankes zu verlieren.

Nicht zuletzt lernen Kinder durch die Auseinandersetzung mit Bruder oder Schwester, dem anderen zu verzeihen und sich zu versöhnen, damit der Familienfrieden wieder hergestellt ist.

Brüder fühlen sich oft als Rivalen. Wer ist der Stärkste? Wer der Schnellste? Wer der Klügste? Und wen haben Mami und Papi am liebsten? Dass die Liebe der Eltern unendlich ist, dass sie für alle reicht und nicht an Bestleistungen gekoppelt ist, müssen die Konkurrenten erst einmal begreifen.

Wie können Eltern gegensteuern, wenn sich Brüder dauernd in den Haaren liegen?

- Die Brüder nicht aneinander messen nach dem Muster: »Du kannst dies am besten, dein Bruder ist dir da voraus ...« Wer den Bruder häufig als Vorbild hingestellt bekommt, reagiert oft empfindlich und sieht in dem Geschwister einen Gegner statt einen Freund.
- Kindern keine heile Welt vorgaukeln, in der alle nur friedlich miteinander umgehen. Auseinandersetzungen müssen sein, sie sind Normalität. Erklären Sie Ihren Kindern, warum sie Sinn machen.
- Über eine verträgliche Form von Auseinandersetzungen mit den Söhnen sprechen.
- Eltern sollten nicht Partei ergreifen und den Richter spielen, aber darauf achten, dass die Regeln eingehalten werden, die zu Hause gelten – zum Beispiel:
  – Es ist verboten, einen Kontrahenten niederzumachen.

Greifen die Eltern ein, unterbinden sie die Kämpfe, die Brüder miteinander ausfechten, dann bringen sie die Jungen um die Gelegenheit, ihre Konflikte selbst zu lösen. (Nur bei kleinen Kindern eingreifen, die noch nicht in der Lage sind, ihre Streitigkeiten selbst zu lösen.)

Die ersten richtigen Freunde

Im Kindergarten findet ein Kind seine ersten Spielkameraden. Gemeinsame Interessen wie Lego spielen und im Sandkasten schaufeln sind die Basis dieser ersten Freundschaften. Mit dem Eintritt in die Schule sucht und findet ein Junge dann neue Freunde, mit denen er Pferde stehlen kann. Nur gemeinsame Interessen zu verfolgen reicht jetzt nicht mehr, er erwartet in diesem Alter mehr von einer Freundschaft und ist auf Nähe und Wärme aus, auf Verständnis und Anerkennung, und sucht in seinen Freunden nicht selten das, was er selbst nicht verkörpert. Ein zarter Junge sucht besonders starke Freunde. Ein sensibler fühlt sich oft von robusten Typen angezogen.

Bei einem Jungen spielt die enge Beziehung zu einem Freund aber eine geringere Rolle als bei einem Mädchen. Er muss nicht sämtliche Geheimnisse mit seinem Freund teilen.

Ein Junge braucht seine Kumpane auch als Gegengewicht, als Alternative zum Elternhaus, in dem die Erwachsenen das Sagen haben. Sind die Freunde unter sich, können sie genau das tun, was innerhalb der Familie oft nicht unbedingt möglich ist: unvernünftig sein, über die Stränge schlagen, Blödsinn machen.

Wenn die Eltern sehr leistungsorientiert erziehen, ihrem Sohn wenig Freiraum zugestehen, dann braucht dieser die Freunde sicherlich auch als Gegengewicht zu dem strengen Zuhause. Denn Freunde gucken meist nicht auf Leistung, bei ihnen zählen andere Werte.

Bisweilen sind die neuen Freunde des Sohnes die falschen Freunde – jedenfalls aus Sicht seiner Eltern, die sich die Kinder genauer ansehen und beobachten, wie sie miteinander umgehen. Tauchen zu Hause kleine Rabauken auf – rotzfreche Bengel, denen die Erwachsenen an der Nasenspitze ansehen, dass die sie nicht nur auf Harmonie mit ihrem Sprössling aus sind, sondern mit ihm nur Unsinn treiben wollen, sind sie alarmiert. Betont lässig kommen diese Knirpse mit Sprüchen daher wie: »Die Hausaufgaben kannst du später machen! Jetzt lass uns erst mal losziehen!« Oder: »Sei kein Schisshase. Das merkt doch keiner, wenn du Mathe nicht machst!« Oder: »Wovor hast du Muffensausen? Wir schlendern doch nur so ein bisschen durch die Stadt!«

Was sollen Eltern tun, wenn sie ihre Zweifel an dem Trüppchen haben, mit dem ihr Sohn loszieht? Eingreifen, mit dem Jungen reden? Oder die Sache laufen lassen und aus dem Hintergrund im Auge behalten?

Eingreifen sollten Eltern immer dann, wenn ihr Sohn abhängig von seinen Freunden wird, nur noch nach ihrer Pfeife tanzt und nicht mehr den Mut zur eigenen Meinung hat. Solch eine fatale Abhängigkeit kann schnell entstehen, denn wenn ein Junge spürt, dass ein anderer immer in seinem Fahrwasser paddelt, übernimmt mancher sofort die Herrschaft in dieser Beziehung und spielt seine Macht aus. Er übt Druck aus mit Sprüchen wie: »Sei kein Schwächling! Trau dich!« Unter diesem Druck macht ein Mitläufer dann wirklich jeden Blödsinn mit.

Erstaunlich häufig geraten unsichere Kinder in eine solche Abhängigkeit und sind dem Freund dann fast hörig, lassen sich ausnutzen und führen jeden Befehl aus, nur um seine Anerkennung nicht zu verlieren.

Wenn sie ihren Sohn im Auge haben, sagt Eltern gewöhnlich ihre Intuition, wann sie aktiv werden sollten. Wie können Mütter und Väter ihr Kind, wenn es sich von anderen unterdrücken lässt, unterstützen? Sie sollten:
- das Selbstwertgefühl ihres Kindes stärken, ihm Erfolgserlebnisse verschaffen, seine Selbständigkeit fördern und es loben,

- den Jungen zum Nachdenken anregen: »Warum lässt du dich herumkommandieren?«,
- Ablenkungsmanöver inszenieren. Die Nachmittage so verplanen, dass nicht viel Zeit bleibt für die Freunde,
- klipp und klar ihre Meinung sagen: »Macht einer den anderen zum Befehlsempfänger, dann gefällt uns das nicht besonders gut!« (den unerwünschten Freund madig zu machen, wirkt dagegen oft kontraproduktiv),
- für Alternativen sorgen. Den Sohn mit anderen Kindern zusammenbringen, die vielleicht zu neuen Freunden werden.

Selbst wenn Eltern noch so behutsam vorgehen, heißt das noch lange nicht, dass sie ihren Sohn mit ihren Reden erreichen – zu stark ist oft der Einfluss der Freunde. Erwachsene müssen viel Geduld aufbringen und behutsam vorgehen, um schließlich abschätzen zu können, ob ihr Kind sich allein aus der Abhängigkeit befreien kann oder ihre Hilfe braucht.

Hinzu kommt: Wenn ein Junge Kummer hat, sucht er nur selten den Beistand eines Freundes. Lieber frisst er seinen Kummer in sich hinein, als vor einem anderen männlichen Wesen Schwäche zu zeigen oder gar zu weinen.

Schulversager unter sich

Mit der Schule haben viele Jungen nichts im Sinn. Sie denken nicht daran, so zuverlässig ihre Aufgaben zu erledigen wie viele Mädchen. Jungen schießen in der Schule häufiger quer, albern herum, erfassen den Ernst der Lage nicht und sind meistens – nach Meinung ihrer Lehrer – noch ziemlich unreife Gesellen. Erstaunlicherweise finden sich in der Klasse dann oft gerade die zusammen, die besonders wenig mit der Schule im Sinn haben. Meistens bilden Jungen solch ein Grüppchen: die Gruppe der Unwilligen. Die Gruppe derjenigen, die in der Schule nichts Tolles zustande bringen. In einer solchen Gruppe kann man sich stark fühlen. Gemeinsam über die fleißigen Mädchen lästern. Sich über die Lehrer lustig machen. Neue Störaktionen für den Unterricht ausdenken. Und gemeinsam beschließen, die Hausaufgaben einmal mehr schleifen zu lassen.

Diese Gruppen aufzulösen ist Schwerarbeit für Lehrer und Eltern. Gelingt es, gute Schüler und schlechte nachmittags in Familie A oder B gemeinsam an einem Tisch zu versammeln, kann ein Erfolg daraus werden, vorausgesetzt, dass alle ihre Vorurteile einpacken und offen aufeinander zugehen:

- Die Schüler profitieren voneinander. Die schwächeren werden von den stärkeren veranlasst, wenigstens ein Minimum der Hausaufgaben zu erledigen. Und die guten Schüler merken, dass es gar nicht so einfach ist, anderen gewisse Sachverhalte zu erklären. Sie lernen, sich präzise auszudrücken und genauer zu denken.
- Vorurteile schmelzen dahin. Die Mädchen haben hier die Chance, den Jungen zu beweisen, dass sie nicht nur fleißig und pflichtbewusst sind, sondern auch ganz schön clever, witzig und interessant. Und die Jungen können beweisen, dass sie, trotz ihrer Unlust auf Schule, keine Doofmänner sind.

Und wie wird man mit Rabauken fertig?

Wenn einer in der Schule nicht mitspielt und dauernd stört, bei jeder Kleinigkeit schon ausrastet und häufig zuschlägt, kann er allen anderen Kindern die Schulzeit vermasseln. Viele glauben, dass die Jungen typische Störenfriede sind. Stimmt nicht: Auch Mädchen können viel Ärger machen. Aber den größten Krawall, das lauteste Getöse veranstalten

doch die Jungen, behaupten erfahrene Lehrer. Typische Situationen auf dem Schulhof:
- Beim Fußballspielen: Viertklässler kämpfen um den Ball. Der Kleinste aus der Gruppe erwischt ihn, schießt Richtung Tor und verhaut den Ball, der ins Aus fliegt. Daraufhin handelt sich der erfolglose Torschütze einen Tritt in den Po von seinem Nebenmann ein. Außerdem wird er als Knallbüchse beschimpft.
- Drei Jungen aus der dritten Klasse bauen sich großspurig vor ein paar Erstklässlern auf, drohen ihnen unverhohlen, nehmen die Angst auf den Gesichtern der Jüngeren erfreut zur Kenntnis und hetzen die Jungen dann über den Schulhof.

Was tun, wenn ein paar Grobiane den anderen das Leben schwer machen?
- Es ist einen Versuch wert, sich um die Integration der Störenfriede in die Gemeinschaft zu bemühen und die übrigen Kinder zu motivieren, dabei Hilfe zu leisten. Wesentlich ist, dass alle begreifen: Ein Junge, der besonders grob mit Kleinen oder mit Mädchen umspringt, macht nicht nur Schwierigkeiten, sondern hat selber Schwierigkeiten. Deshalb braucht er Unterstützung.
- Alle gemeinsam müssen sich auf bestimmte Spielregeln einigen. Wer sich nicht daran hält, muss spüren, dass sein Verhalten Folgen hat.

Wenn in der Schule andere Regeln gelten

■ *Zu Hause ist er der Mittelpunkt der Familie. Das einzige Kind weit und breit. Bei zwei Omas und zwei Opas spielt er die Hauptrolle, außerdem bei seiner kinderlosen Patentante, bei einem Onkel, der ihn als Stammhalter der ganzen Sippe hofiert, und natürlich bei sei-*

nen Eltern. Jeder Wunsch wird ihm von den Augen abgelesen, und außerdem darf der Kleine alles tun, was er will: Die anderen haben ein großes Herz und sind ihm gerne zu Diensten.

In der Schule ist das ganz anders. Hier steht der Achtjährige nicht im Zentrum aller Aufmerksamkeit, sondern gilt als einer unter vielen. Alle Welt erwartet von ihm, dass er sich in die Klasse einreiht, die Regeln befolgt, die für alle gelten. Das Prinzchen meint, dank seiner bisherigen Lebenserfahrung, dass er Sonderwünsche anmelden, ein paar Exklusivrechte für sich in Anspruch nehmen und die Regeln, die ihm nicht ins Konzept passen, einfach übergehen könne.

Dass zu Hause andere Maßstäbe gelten als in der Schule, will ihm nicht in den Kopf. Deshalb tanzt er aus der Reihe, stört, wo er kann, und macht sich bei allen unbeliebt. Sein Klassenlehrer braucht viel Ausdauer, viel Geduld, um dem Schüler klar zu machen, dass er sich anpassen muss. In der Schule interessiert keinen, dass er zu Hause der King ist.

Dauernd neue Grobheiten – und das soll normal sein?

Benehmen sich Mädchen besser als Jungen? Manchmal schon. Mit Kraftausdrücken um sich werfen, den großen Macker spielen und sämtliche Anstandsregeln locker über Bord schmeißen, das ist typisch für Jungen eines bestimmten Kalibers: für die frechen Bengel, die ihre Eltern und Lehrer den letzten Nerv kosten.

Die Jungen sind im Flegelalter, sagte man früher, wenn sie mit Kraftausdrücken um sich werfen. Indem sie auf das Benehmen pfeifen, das bislang zu Hause üblich war, fühlen sie sich ziemlich stark – vielleicht so stark wie die coolen Typen aus der Werbung oder aus der Vorabendserie, die einfach unschlagbar sind und so unheimlich männlich. Im Medien-

> ### In den Flegeljahren?
>
> ■ »*Mein Sitznachbar ist ein Arsch!*«, *berichtet ein Siebenjähriger beim Mittagessen. Anschließend erzählt er mit vollem Mund schmatzend, dass er diesem Kerl deshalb am Morgen eine gesemmelt habe. Zur Krönung seiner Erzählung rülpst der Knabe dann lautstark. Ewig diese Kraftausdrücke, dieses ungehobelte Benehmen! Seitdem ihr Sohn in die Schule gehe, verrohe seine Sprache zusehends, meint die Mutter des Siebenjährigen. Und dazu dann noch das ständige Gerülpse und Geschmatze und Sprechen mit vollem Mund – wirklich kaum zu ertragen. Sie versucht, den Jungen zur Ordnung zu rufen mit Ermahnungen wie:* »*Wie oft soll ich dir noch sagen, dass ich diese Wörter nicht hören will und darauf bestehe, dass du dich anständig benimmst! Diese Grobheiten toleriere ich nicht! Bei uns wird nicht geschmatzt und gerülpst!*« *Alles vergebliche Liebesmühe.*
>
> *Ihr Sohn hört sich ihre Tiraden ungerührt an und stochert in seinem Salat, frustriert darüber, dass seine Mutter sich mit diesen Nebensächlichkeiten aufhält, statt richtig zuzuhören oder nach der Ursache des Streits zu fragen, den er mit seinem Nachbarn hat. Sie scheint nicht zu interessieren, warum er eigentlich so geladen ist. Und dann Fehler Nummer zwei. Seine Mutter hebt die Schwester in den Himmel:* »*Wieso kann sich deine Schwester benehmen und du kannst es nicht?*«

zeitalter sucht ein Junge seine Vorbilder in puncto Männlichkeit im Fernsehen, im Internet, in Zeitschriften – vor allem dann, wenn er seinen Vater zu Hause selten zu Gesicht bekommt. Oder er sucht sich seine Vorbilder auf dem Schulhof, hält sich an die besonders kantigen, raubeinigen Typen, die dieses »Mir kann keiner was« ausstrahlen, stolz auf ihre ungeschliffene Sprache sind und mit Schimpfwörtern um sich werfen.

Diese stählernen Typen verkörpern aus Sicht eines Schuljungen genau das, was ihm noch fehlt: jede Menge Sicherheit. Dass die Bilder von den lässigen Kerlen meistens Risse und die tollen Typen oft eine Menge Probleme haben, nimmt ihr Bewunderer nicht wahr. Er ist noch zu jung, um das zu merken.

Da es ihm mit seinen sieben oder acht oder neun Jahren noch an wahrer Männlichkeit und Muskelkraft mangelt, plustert er sich auf, um Eindruck auf seine Umwelt zu machen und den Mangel an echter Größe auszugleichen. Wenn einer größer tut, als er ist, wenn er mit coolen Wörtern um sich wirft und noch coolerem Gehabe protzt, dann kaschiert er damit meist seine eigene Unsicherheit.

Dieses Gebaren dient außerdem dazu, Anerkennung bei den gleichaltrigen Jungen zu finden, und Anerkennung ist einem Jungen wichtig. Denn wer sich gut aufgehoben in der Jungentruppe fühlt, kann auf größeren Abstand zu den eigenen Eltern gehen, um damit wieder ein Stückchen selbstständiger zu werden.

Warum kann ein Junge nicht ein wenig gefälliger, maßvoller zu mehr Unabhängigkeit kommen, mit weniger ruppigen und groben Methoden? Weil ein »großer« Junge kein lieber Junge sein will. Um sich von der Mutter abzukoppeln, die einen wichtigen Platz in seinem Leben besetzt, braucht er Reibung. Denn wenn er mit Mama im Clinch liegt, fällt es leichter, ihr häufiger den Rücken zu kehren. Die unverschämten Rüpeleien sind nicht nur erste Übungen in puncto Männlichkeit, sondern auch Vorwehen für den großen Ablöseprozess, der später während der Pubertät stattfinden wird. Erst wenn sein Ich gefestigter ist, kann er auf die Rolle des bösen Buben samt Imponiergehabe wieder verzichten. Es wird noch eine Weile dauern, bis es so weit ist.

Er trumpft auf, er spielt auf dem Schulhof den großen Macker und tut wahnsinnig überlegen, obwohl er sich seiner Sache gar nicht so sicher ist. Gerade weil ein Junge ein empfindsames Gemüt hat, machen die Anforderungen der Schule ihm zu schaffen. Er steckt den Druck nicht einfach weg, den er von Jahr zu Jahr intensiver zu spüren bekommt. Immer muss er groß rauskommen, das erwarten viele von ihm. Er selbst nicht zuletzt. In der Gruppe der Gleichaltrigen will er seine Position behaupten. In der Klasse, wenn Zensuren verteilt werden. In der Turnhalle, wenn Turniere stattfinden. Und wenn er den Ansprüchen nicht genügt, die er selbst, die seine Eltern und Lehrer an ihn stellen, dann kommt zu der Unsicherheit noch Angst. Die Angst kann unangenehme Folgen haben:

- Weil ein »richtiger« Mann keine Angst haben darf und jeder Junge meint, ein »richtiger« Mann werden zu müssen, versucht er, seine Angst zu verdrängen.
- Steht ein Junge nicht zu seinen Gefühlen, zu seiner Angst, dann gerät er bald unter Hochspannung. Die Spannung entlädt sich nicht selten in Aggressivität.
- Wenn in der Schule einiges schief läuft und ein Junge nicht die Anerkennung unter Gleichaltrigen gewinnt, die er sich wünscht, wenn seine Leistungen mies sind, dann sucht mancher ein Ventil für seine angestaute Wut und wird zum Störenfried.

Selbst wenn sie nachvollziehen können, warum sich ihr Sohn mit seinen Provokationen so aufplustern muss, tun sich Eltern schwer, die Kraftausdrücke und das Ellenbogen-Verhalten als vorübergehende Phase abzubuchen. Was tun?

Eltern sollten möglichst darauf verzichten, die Sprösslinge mit Ermahnungen zur Raison bringen zu wollen. Zwar ist es wichtig, das eigene Missfallen an dem ruppigen Verhalten und dem rüden Ton zu bekunden, damit die Richtung klar ist, aber nur durch Schimpfen wird es sicherlich nicht gelingen, einen kleinen Rabauken zu »zähmen«.

Sinnvoller ist es, die Provokationen weitgehend verpuffen zu lassen. Denn rührt sich kein Widerstand, ist der Reiz an der Sache schnell dahin, und es wird uninteressant, weiter zu provozieren.

Nehmen sie Aggressionen dagegen als Signal, sich dem Jungen mehr zuzuwenden, Interesse an seinen Belangen zu zeigen, Verständnis aufzubringen und Mut zu machen, dann erreichen Erwachsene mehr: Sie stärken sein Selbstwertgefühl, der Junge sucht dann vielleicht auch wieder zu Hause nach Vorbildern und nicht nur in der Gruppe Gleichaltriger.

Nicht nur die Jungen provozieren

Er ist im Rüpelalter, wird über einen Jungen gesagt, wenn er über den Schulhof fetzt, seine Kollegen anrempelt und frech den Mädchen die Mützen vom Kopf zieht. Eltern und Lehrer sind sich dann gerne schnell einig: Dieser kleine Kerl ist ein richtiger Flegel, ungestüm und kiebig. Und wenn der Sieben- oder Neun- oder Elfjährige wieder mal über die Stränge schlägt, werden ihm gerne die Klassenkameradinnen als Vorbild vorgehalten: Die Mädchen zeigen dir doch, dass es anders geht – nicht ganz so wüst und wild. An diesem Punkt fühlt sich ein Junge oft ungerecht behandelt und reagiert verletzt: Immer wird er von den Erwachsenen als Rabauke abgestempelt und die Mädchen werden in den höchsten Tönen gelobt. Merken die Erwachsenen denn nicht, dass das Bild, das sie sich zusammenbasteln, häufig nicht stimmt? Sicherlich, mancher Junge ist im Alter zwischen sieben und elf Jahren besonders frech und provozierend, aber die Mädchen sind deshalb noch lange nicht die reinsten Unschuldslämmer. Zwar geben sie sich gerne sanfter und milder als die gleichaltrigen Jungen, fechten aber ebenfalls Kämpfe aus. Sie setzen sich nicht mit Körperkraft auseinander, sondern streiten mit Worten. Und dabei fliegen ebenfalls die Fetzen. Wenn sie andere mit ihrem Geschrei, ihren giftigen Bemerkungen niedermachen, kann das so verletzend sein wie ein Hieb mit dem Arm, den ein Junge austeilt. Und noch eins: Viele Mädchen sind inzwischen aufgewacht. Sie lassen sich die Mützen schon lange nicht mehr vom Kopf ziehen. Sie wehren sich heute und schlagen zurück. Und ebenso oft geht eine Attacke auf ihre Initiative zurück: Sie stellen den Jungen ein Bein, grenzen sie aus oder machen sie lächerlich.

Die Erwachsenen sollten weniger Vorurteile im Kopf haben, genauer hinsehen und differenzieren, wünschen sich die Kinder, denn nur so können sie merken, dass nicht jeder Junge ein Rabauke und jedes Mädchen ein friedliches Lämmchen ist.

Wünschenswert ist, dass die Großen damit aufhören, die Kinder abzustempeln und auseinander zu dividieren in brave Mädchen und böse Buben. Versuchen sie dagegen, die Jungen und auch die Mädchen zu einem friedlichen Miteinander zu motivieren, dann wird damit ein erfolgversprechendes Startzeichen gesetzt.

Kriegsspielzeug verbieten?

Eltern wünschen sich friedliche Kinder – mehr als 90 Prozent halten nichts davon, ihnen Waffen aus Plastik zu schenken.

Dennoch: Ein Junge, der sich eine Plastikpistole wünscht, kommt auch dazu, quatscht dem Freund eine ab oder kauft sich vom Taschengeld eine Wasserpistole auf dem Flohmarkt. Warum sind Mütter und Väter eigentlich partout gegen Waffen, und warum wollen Kinder, in erster Linie immer noch die Jungen, unbedingt mit Spielzeugpistolen ballern?

Spielzeugwaffen im Kinderzimmer – nichts für Eltern

■ *Das Zimmer des Siebenjährigen gleicht einer Waffenkammer. Er besitzt eine Armbrust, mehrere Wasserpistolen und etliche Plastikschwerter. Jetzt hat der Knabe eine neue Pistole aus Plastik vom Taschengeld erstanden: Wenn er auf den Abzug drückt, schießt mit einem leisen »Flopp« ein Gummikolben mit einem Stöpsel auf der Spitze aus dem Lauf. Weil Mutter und Vater gleichermaßen gereizt auf die Waffenwut ihres Sprösslings reagieren, verlegt der Sohn seine Schießübungen in Nachbars Garten. Dort treffen sich mehrere Pistoleros, die nicht mehr mit Holzgewehren herumhantieren müssen, sondern endlich über »echte« Plastikcolts verfügen. Nachbars Garten wird dann gegen unsichtbare Sternenkrieger aus dem All verteidigt oder gegen gefährliche Schmugglerbanden. Obwohl sie weiß, dass ihr Sohn Spiel und Wirklichkeit durchaus auseinander halten kann, fällt es der Mutter des Siebenjährigen schwer, das Spiel zu tolerieren. Immer wenn sie ihren Sohn mit seinem Colt im Hosenbündchen abmarschieren sieht, verknüpft sich in ihrem Kopf der Schuss aus dem Plastikschießeisen mit Kriegsbildern und Gewalt. Obwohl sie alles andere als einverstanden mit dem Waffenarsenal im Kinderzimmer ist, kapituliert sie vor der Schießwut ihres Sohnes. Sie weiß nicht, wie sie ihn davon abbringen könnte.*

Die meisten Eltern sind nicht gerade begeistert, wenn ihr Kind mit einem lauten »Peng-Peng« durch den Garten rast, und sehen sehr skeptisch zu, wenn der Opa die nächste Wasserpistole, die er als Geschenk mitgebracht hat, strahlend auspackt nach dem Motto: Wir Männer verstehen uns.

Da hilft es wenig, dass sie ihrem Nachwuchs schon x-mal erklärt haben, dass es andere Möglichkeiten außer Krieg geben muss, um Konflikte zu lösen. Dass sie immer wieder darauf hingewiesen haben, wie viel Leid Menschen durch Waffen erfahren.

Vielleicht nützt es auch deshalb nichts, weil der Junge anschließend vor dem Fernseher hockt und in den Nachrichten sandverschmierte Soldaten in Tarnkleidung durch die Wüste ziehen sieht, dazu Flieger am Himmel, die Bomben abwerfen und riesige Explosionen verursachen.

Untersuchungen haben ergeben, dass ein Kind sehr wohl zwischen den Miniatur-Schlachten, die es selbst veranstaltet, und dem »richtigen« Krieg unterscheidet.

- Erstens weiß es, dass Krieg kein Spaß, sondern wirklich etwas Schlimmes, Leidvolles ist. Gewalttaten sind ihm ein Gräuel. Dass es einen Unterschied zwischen der Realität und seinen fiktiven Spielen sieht, zeigt sich auch darin, dass es Kriege verurteilt, weil im Krieg viele Menschen sterben und Häuser zerstört werden.
- Zweitens weist es die Erwachsenen immer wieder darauf hin, dass seine Ballerei wirklich nur ein Spiel ist. Das zeigt sich darin, dass es auf dem Spielplatz mit Wasserpistole und Plastikgewehr in der Regel nicht die Kriege aus der Tagesschau nachspielt, sondern eher Räubergeschichten, Abenteuer unter Revolverhelden. Und wenn ein Junge Streit mit einem Spielgefährten beginnt, geht er vielleicht mit den Fäusten auf den Kontrahenten los, aber selten mit seiner Plastikpistole.

Was macht die Faszination am Schießen und Kämpfen bloß aus? Die Mehrzahl der kleinen Kämpfer behauptet,

- dass die Kämpfe mit Fantasiegestalten am meisten Spaß machen, (Ein besonders fantasievolles Kind kann hier seine Vorstellungen ausleben)
- dass das Rumtoben, das Verstecken, das Rennen und Jagen vor allem den Reiz an der Sache ausmache und dazu die laute Knallerei.

Psychologen weisen darauf hin, dass sich viele Jungen bei diesen Spielen als Helden fühlen: groß und stark und unverletzlich. Das Spielzeuggewehr nimmt ihnen das Gefühl von Unterlegenheit – besonders reizvoll für einen schüchternen und ängstlichen Jungen.

Vor allem ein Kind mit Aggressionen kann, wenn es mit seiner Wasserpistole herumfuchtelt und spritzt, spielerisch einigen Druck loswerden, unter dem es steht.

Wenn sie ihrem Sprössling bei seinen Cowboy-, Bankräuber- und Soldatenspielen zuschauen, trösten sich die meisten Eltern gegenseitig mit einem »Das vergeht auch wieder!« Allerdings ist bisweilen zu beobachten, dass nicht jeder Junge bei diesen Waffenspielen Dampf ablässt, sondern der eine oder andere auch nach Beendigung des Spiels noch sehr aufgedreht und ziemlich aggressiv ist. Aber das kommt auch bei anderen Spielen vor. Wirklich schädliche Nachwirkungen dieser aggressiven Spiele konnten bislang nicht nachgewiesen werden, es sei denn, das Kind ist seelisch stark belastet.

Computer und Internet: bei Jungen sehr gefragt

Computer sind gefragter denn je und vor allem Domäne der Jungen. (Etwa zwei Drittel der Jugendlichen mit Internet-Erfahrung sind männlich.) Egal, was er mit dem Computer veranstaltet, fast jeder Nutzer ist begeistert von dem, was über das World Wide Web bei ihm ankommt. Der Computer ist eine »Zauberbüchse« – das erklärte Lieblingsspielzeug. Ein Junge kann Stunden davor hocken, erpicht auf immer neue Wunder, die sich darin auftun. Diese Gier nimmt oft seine ganze Aufmerksamkeit und einen Großteil seiner Zeit in Anspruch. Eltern sehen das mit Bangen: Da bleibt keine Energie mehr für anderes. Die Freunde bleiben weg, weil der Junge ja nur mit seinem

Computer beschäftigt ist. Von Bewegung an frischer Luft kann auch nicht mehr die Rede sein. Die besorgte Elternfrage lautet: »Wie können wir gegensteuern?« Sicherlich nicht, indem sie ihrem Jungen den Computer madig machen, die Beschäftigung damit verbieten oder strikt reglementieren, sondern eher indem sie attraktive Alternativangebote starten: Freunde ins Haus holen. In der Freizeit viel unternehmen.

Idole: Gegengewicht zu den Eltern

Noch ahmt ein Junge in seinen Spielen in erster Linie die Eltern nach, fährt zum Beispiel mit seinem Spielauto so rasant, wie Mutter oder Vater Auto fahren. Irgendwann beginnt er, sich für die Rollen zu interessieren, die andere Menschen verkörpern. Er entwickelt eine Vorliebe für Idole. Der erste Hinweis darauf: Der Junge tapeziert sein Zimmer mit Fotos von Prominenten. Die Bilder berühmter Fußballer sind jetzt vor allem gefragt, aber auch von Popstars und Schauspielern. Vor allem sollen sie männlich sein. Die Eltern müssen ihre Rolle als Vorbilder jetzt mit diesen Figuren teilen.

Von seinen Idolen kann ein Junge stundenlang träumen. Er kopiert vielleicht ihre Sprechweise, ihre Mimik und Gestik, studiert ihren Lebensstil. In Gedanken stehen ihm seine Idole nahe, und gleichzeitig sind sie doch unerreichbar für ihn. Vor allem in seiner Fantasie spielen sie eine große Rolle, mit dem Alltag haben sie nur wenig zu tun.

Wenn sich die ersten Anzeichen der Pubertät zeigen, gerät mancher Jugendliche ins Trudeln. Er weiß nicht, wie er sein will: überheblich wie ein toller Hecht, durchgestylt wie ein modischer Typ oder lieber lässig wie ein Weltenbummler. Mancher übernimmt er in dieser Übergangsphase einfach ein bestimmtes Rollenbild – das Bild, das die Clique oder das geliebte Idol gerade vorgibt – und versteckt sich hinter dieser Fassade, bis er sein wahres Selbst gefunden hat.

Wer in Gedanken und Träumen mit dem Leben seiner Idole beschäftigt ist, kann die eigenen Probleme ganz gut verdrängen. Die Höhenflüge in eine andere Sphäre können helfen, die eigene Unsicherheit zu bekämpfen.

Auf dem Weg zu einer eigenen Identität kann es eine Hilfe sein, sich an perfekten Traumgestalten zu orientieren und sich deren Art von Männlichkeit zum Vorbild zu nehmen. Vergleicht sich ein Dritt- oder Viertklässler mit seinen Vorbildern, dann werden ihm eigene Unzulänglichkeiten bewusst. Noch steckt er das einigermaßen gelassen weg. Jahre später, während der Pubertät, lässt die Vorstellung, unvollkommen zu sein, einen Jugendlichen leicht in Verzweiflung geraten.

Eltern wissen, dass die Zeit der Idole irgendwann ihr Ende finden wird. Bis dahin ist ihre Geduld und ihr Verständnis gefragt. Dennoch reagieren viele irritiert: Muss diese Schwärmerei so viel Raum einnehmen, so früh beginnen – wo bleibt da die unbeschwerte Kindlichkeit? Und warum müssen diese Typen so häufig genau das verkörpern, was Eltern eher ablehnen – eine harte, geballte Männlichkeit, die sie als brutal empfinden? Die Antwort: Weil diese Typen unter den Jungs anerkannt sind. Weil es das eigene Selbstwertgefühl steigert, sich mit solch einem von allen Kumpeln bewunderten Helden zu identifizieren. Das bewunderte Idol ist ein Teil des Selbstbildes und kann einiges über die geheimen Sehnsüchte eines Jungen verraten. Deshalb reagiert ein Heranwachsender besonders verletzt, wenn sich andere über seine Schwärmerei lustig machen.

Das Bemühen von Eltern, dem Sohn »bessere« Vorbilder zu präsentieren, ist meist vergeblich. Schon eher kommen sie mit dem Jungen über das Thema Vorbilder ins Gespräch, wenn sie von eigenen Erfahrungen erzählen – etwa von den Helden, an denen sich der Vater einst orientierte.

Unabhängig von Geschlecht und sozialer Stellung nennen jüngere Kinder, wenn man sie befragt, meist ihre Eltern oder einen Elternteil als ihr wichtigstes Vorbild, die anderen Idole kommen erst danach.

In der Familie findet ein Kind am ehesten die Werte, die es als Orientierungshilfen braucht – auch heute noch. Hier lernt es, was Nachsicht und Rücksicht bedeuten, was Zuwendung und Verständnis heißt, wann Disziplin gefragt ist oder Hilfsbereitschaft.

Mutter und Vater haben die Chance, ein gutes Vorbild abzugeben. Wer allein erzieht, sollte den Part des fehlenden Elternteils durch eine andere Person besetzen und Großeltern, Onkel, Tanten, Freunde und Paten bewusst in das Leben des Kindes einbeziehen.

JUNGEN IN DER PUBERTÄT

Lange bevor ein Junge irgendwelche Veränderungen an sich entdeckt, bereiten sich Körper, Seele und Geist auf die Pubertät vor. Der Umbruch kostet viel Kraft, macht nicht nur dem betroffenen Jugendlichen zu schaffen, sondern auch seinen Eltern. Das Leben gerät aus den gewohnten Bahnen, nichts ist mehr so, wie es mal war.

Die besonderen Merkmale in dieser Phase

Der Übergang von der Kindheit ins Erwachsenenalter – die Pubertät – gliedert sich in drei Abschnitte:
- Die Vorpubertät
- Die Pubertät
- Ausklang der Pubertät

Im allgemeinen Sprachgebrauch steht der Begriff Pubertät für den gesamten Zeitraum im Alter zwischen etwa 12 bis 20 Jahren. Die Zeit der großen körperlichen und seelischen Veränderung setzt heute wesentlich früher ein als noch vor drei, vier Generationen.
- Die erste Phase. Bei Jungen dauert sie ungefähr vom 12. bis 14. Lebensjahr (sie beginnt etwa ein, zwei Jahre später als bei Mädchen). Ein heranwachsender Junge reagiert jetzt besonders empfindlich auf seine Umwelt, hat mit Stimmungsschwankungen zu kämpfen und versucht, seine Verletzlichkeit zu überspielen.

Außerdem setzt er sich jetzt verstärkt mit den Eltern auseinander, um sich auf dem Weg in die Selbständigkeit von ihnen abzugrenzen.

Mädchen spielen in dieser Zeit in der Regel noch keine große Rolle im Leben eines Jungen. In seiner Unsicherheit schaut er jetzt sehr von oben auf die »Weiber« herab. Die Gründe für die Unsicherheit:
– Rivalität mit den Mädchen.
– Hilflosigkeit. Die Unbefangenheit der Kindheit ist dahin. Ein Junge beginnt jetzt langsam zu ahnen, dass er ein neues Verhältnis zu dem weiblichen Geschlecht finden muss, weiß aber noch nicht, wie er dieses Verhältnis gestalten soll.

– Befreiung von der Fürsorge der Mutter. Ihre Liebe nimmt ihm jetzt schnell die Luft zum Atmen. Die Mädchen werden niedergemacht, weil sie als »Frauen« stellvertretend für die Mutter stehen.

Um auf Abstand gehen zu können, gibt sich ein Junge jetzt oft besonders männlich – mancher schießt dabei über das Ziel hinaus, macht die Mädchen nieder, um sich selbst zu erhöhen. Für viele Jugendliche zählen jetzt Eigenschaften wie Risikobereitschaft und Stärke. Dazu ist die Clique enorm wichtig.

● Die zweite Phase – bei Jungen von 12 bis 14 Jahren. Der erste Samenerguss wird von einem Jungen mit gemischten Gefühlen erlebt. Einerseits ist er stolz, endlich ein »Mann« zu sein. Andererseits betrachtet er die Flecken auf dem Laken mit einer gewissen Scheu. Der erste Samenerguss geschieht oft unbemerkt im Schlaf.

Die Mädchen sind in den Augen der Jungen nicht länger »Weiber«, von denen sie nichts halten, sondern das Ziel geheimer Sehnsüchte. Trotz des Wunsches, sich zu verlieben, trauen sich die meisten Jungen an weibliche Wesen nur zaghaft heran. Schmusen und leichtes Petting – mehr findet in der Regel noch nicht statt.

● Die dritte Phase – bei Jungen von 16 bis 21 Jahren. Das »neue« Selbstwertgefühl beginnt sich langsam zu festigen. Die meisten Jungen waren inzwischen schon mal verliebt, haben die erste Euphorie und den ersten Kummer in der Liebe verkraftet. Langsam pendelt sich das Leben wieder ein, die eigene Identität ist etwas gefestigter.

Langsam verändert sich der Körper

In der Pubertät beginnt der Körper des Jungen, männliche Hormone zu produzieren. In den Hoden wird das Geschlechtshormon Testosteron freigesetzt, in der Nebenniere

Androgene. Diese Umstellung beginnt lange bevor ein Junge die ersten Veränderungen seines Körpers, seiner Geschlechtsmerkmale wahrnimmt. Die Pubertät kommt zunehmend in Gang: Die Hoden vergrößern sich. Die Schamhaare wachsen, ebenso die Haare in den Achseln, auf der Brust und auf den Beinen. Der Penis wird länger, breiter und dicker, wenn der Körper vermehrt männliche Geschlechtshormone produziert. Meist zwischen dem 13. und 14. Lebensjahr erlebt ein Jugendlicher den ersten Samenerguss – noch vor dem entscheidenden Wachstumsschub. Dann sprießen die ersten Barthaare, und der Jugendliche beginnt zu wachsen. Damit geraten seine Proportionen erst einmal aus dem Lot: Hände und Füße wachsen zuerst, die Nase verändert sich, später nehmen Hüften, Brust und Schultern an Breite zu, und zum Schluss streckt sich der Rumpf. Das Herz vergrößert sich auf den doppelten Umfang, das Volumen der Atmung nimmt zu, der Blutdruck steigt. Schließlich setzt der Stimmbruch ein, das deutlichste Zeichen für alle: Der Junge wird erwachsen. Meist hasst er es, im Stimmbruch zu sein, weil alle Welt grinst, wenn die Stimme wieder mal krächzt. Nach einem Viertel- bis halben Jahr erhält die Stimme ihre endgültige Klangfarbe. Um den siebzehnten Geburtstag haben dann fast alle Jungen den Stimmbruch hinter sich.

Pickel auf Gesicht, Nacken und Rücken sind ein sicherer Hinweis auf die Pubertät. Akne entsteht durch einen Überschuss männlicher Sexualhormone mit der Folge, dass die Talgdrüsen der Haut zu viel Fett absondern und das Fett die Poren verstopft. Vor allem in Stresszeiten blüht die Akne, und leider lässt sich nicht viel dagegen tun. In schwierigen Fällen lindern Medikamente die Beschwerden. Ob ein Junge kaum oder sehr stark unter Akne leidet, wird weitgehend genetisch gesteuert.

Außerdem arbeiten dank der Hormonumstellungen in

der Pubertät die Schweißdrüsen in den Achseln und im Genitalbereich besonders intensiv – nicht nur bei Hitze, sondern auch bei Aufregung oder Angst.

Außerdem leidet ein Junge während der Pubertät häufig unter niedrigem Blutdruck und Müdigkeit – einer ganz natürlichen Folge seines schnellen Körperwachstums. Er kommt morgens nur mühsam in die Gänge, schlafft mittags schon wieder ab. Alte Hausmittel – etwa viel Bewegung an der frischen Luft oder ein kalter Guss nach dem warmen

Jeden Mittag wird stundenlang gepennt

■ *Schon wieder diese matten, schattigen Augen – als sie ihren Sohn während des Mittagessens von der Seite anschaut, fällt der Mutter des Fünfzehnjährigen auf, wie müde der Junge aussieht. Die sechs Stunden Schule scheinen ihn wirklich anzustrengen. Und sie weiß auch, was die Schatten ankündigen: Nach dem Mittagessen wird sich ihr Sohn mit dem Sportteil der Zeitung in sein Zimmer verziehen, wird natürlich nicht, wie eigentlich verabredet, seine Hausaufgaben erledigen, sondern es sich auf seinem Bett bequem machen. Nach einer Seite Zeitunglesen wird er sanft entschlummern und, sofern sie ihn nicht nach einer Stunde weckt, bis zum Abend durchschlafen. Und wenn sie den Mittagsschlaf zu verhindern versucht, wird sie wieder mal Schiffbruch erleiden. Wie viel kostbare Zeit mit verlängertem Mittagsschlaf verloren geht ... Sie ärgert sich über den Jungen. Lasch und schlaff, einfach ohne Energie, denkt sie.*

Als sie sich bei einer Freundin, die ältere Söhne hat, über ihren Sohn und seine Schlafgewohnheiten beklagt, bekommt sie zu hören, dass der tägliche Mittagsschlaf die Norm bei den 13-, 14-, 15-jährigen Jungen und kein Grund zur Aufregung sei. Das gibt sich wieder, wenn die Pubertät geschafft ist, wird ihr mit auf den Weg gegeben. Der körperliche, seelische und geistige Umbruch ist anstrengend, und deshalb wollen Jugendliche im Schlaf neue Kräfte tanken.

morgendlichen Duschen – können den Jugendlichen wieder in Schwung bringen. Alles zusammen hilft gegen die Müdigkeit oft mehr als ein Mittagsschläfchen.

Verfällt ein Junge in andauernde Müdigkeit, ist das eine Geduldsprobe für seine Familie. In ihrer Genervtheit übersehen Eltern leicht, wie anstrengend der körperliche und seelische Umbruch ist, den ihr Sohn jetzt zu bewältigen hat. Machen sie sich klar, dass nicht reine Faulheit und Bequemlichkeit Ursache dieses Durchhängens sind, dann fällt es schon leichter, mehr Gelassenheit zu bewahren und mehr Verständnis aufzubringen.

Allerdings kann die Müdigkeit auch mit echter Erschöpfung zu tun haben, denn mancher Junge hat ein viel zu üppiges Alltagsprogramm zu bewältigen und steht unter großem Druck.

Deshalb ist er fast nur noch gestresst und erschöpft. In diesem Fall sollten seine Aktivitäten und »Termine« etwas reduziert werden.

Die einschneidenden Veränderungen der Pubertät beeinträchtigen das Selbstbewusstsein. Erschrocken oder stolz beobachtet ein Junge, wie sich sein Körper verwandelt. Das Gefühl, nicht zu wissen, wer er wirklich ist, stürzt ihn in tiefe Verunsicherung. Die erwachende Sexualität löst oft Komplexe aus. Schrecklich die Vorstellung, ein Mädchen zu treffen und dann zu einer Lachnummer zu werden aus Mangel an Erfahrung. In seiner Unsicherheit manövriert sich ein männlicher Jugendlicher schnell in eine Zwickmühle, aus der er nicht wieder herausfindet:

- Einerseits macht er sich großspurig über die blöden Weibsbilder lustig – mit ihnen möchte er sich eigentlich nicht abgeben.
- Andererseits findet er ein bestimmtes Mädchen höchst anziehend und wünscht sich, erste sexuelle Erfahrungen

mit ihm sammeln zu können, traut aus Angst vor einer Blamage jedoch nicht, den ersten Schritt zu tun, um mit ihr in Kontakt zu kommen.

Kein Wunder also, dass ein junger Mann oft versucht, diese widerstreitenden Gefühle zu überspielen. Er dreht sich auf, stürzt sich in Abenteuer oder spielt auf Risiko – alles, um sich und der ganzen Welt zu zeigen: Ich kann Berge versetzen, wenn ich will.

Und immer wieder überprüft er sich kritisch im Spiegel: Das, was ich da zu sehen bekomme, soll mein Ich sein? Er versucht, sich selbst in diesem veränderten Körper, ausgestattet mit den deutlicheren Merkmalen seines Geschlechts, wiederzufinden, und sucht auf dem Weg zu einer eigenständigen, unverwechselbaren Persönlichkeit Halt.

Himmelhochjauchzend – zu Tode betrübt: Wenn die Stimmung kippt

Gerade noch war der Junge ausgelassen und gut gelaunt, als plötzlich schlagartig seine Stimmung wechselt. Miesepetrig, verschlossen und umwölkten Blickes macht der Bengel kehrt und verschwindet in seinem Zimmer. Tür zu. Fragen Mutter oder Vater nach den Gründen des Stimmungswechsels, werden sie in ihre Schranken verwiesen: »Warum lasst ihr mich nicht in Ruhe?« Also rätseln Mutter und Vater weiter: Hat der Sohn Krach mit seinen Freunden? Oder braut sich in der Schule ein Ärgernis zusammen? Oder kommt der Junge mit sich selbst nicht klar? Hat er Liebeskummer?

Heute fühlt er sich unglaublich stark und morgen schon wieder ganz schwach, mal verliert er sich in Weltschmerz, und gleich darauf will er die Welt vor Freude aus den Angeln heben – kurz, ein Heranwachsender erlebt ständige Wechselbäder der Gefühle. Das ist nicht nur normal, sondern macht sogar Sinn, denn auf diese Weise lotet er seine Gefühle aus, sammelt neue Erfahrungen mit sich selbst und erlebt, wie unterschiedlich er auf die Anforderungen seiner Umwelt reagiert. Mit der Zeit glätten sich die Wogen wieder. Die Stimmungsschwankungen lassen nach, wenn der Junge wieder Boden unter den Füßen und seine Identität neue, klare Konturen gewinnt.

Was geben Eltern ihrem Sohn mit?

Die Frühentwickler unter den Jungen, die schon als 13-, 14-jährige ganz schön männlich wirken, die in die Höhe schießen, wohlproportioniert und muskulös sind und damit dem Ideal eines attraktiven Heranwachsenden entsprechen, werden von ihren schmächtigen, noch wesentlich kleineren Altersgenossen meist sehr beneidet und bewundert. Auch von Erwachsenen werden sie eher für voll genommen, weil sie reifer und älter wirken, als sie sind. Deshalb genießen viele Frühentwickler für ihr Alter schon erstaunliche Freiheiten.

Vor- und Nachteile, wenn man ein Frühentwickler ist

Ein Heranwachsender, der schon recht männlich aussieht, kann noch recht kindlich sein – Inneres und Äußeres müssen nicht unbedingt übereinstimmen. Wird ein Junge mit 13 oder 14 Jahren von seiner Umgebung wie ein Erwachsener behandelt, fühlt er sich oft überfordert, denn er entspricht den Erwartungen nicht, die an ihn gestellt werden: Er ist gar nicht so vernünftig und stark, wie die anderen glauben.

Heute empfinde ich mich als ziemlich erwachsen, morgen als noch recht kindlich – dieses Wechselbad der Gefühle beutelt manchen Jungen während der Pubertät erheblich. Seine innere Mitte ist aus der Balance geraten.

Weil der Sohn einen reifen Eindruck macht, weil er kräftig und groß vor ihnen steht, überschätzen manche Eltern ihren Sohn. Sie ziehen sich zurück, glauben, der Junge wolle nun auf eigenen Füßen stehen. Oft stellt sich das nachträglich als Irrtum heraus. Denn ein Frühentwickler steht noch lange nicht sicher im Leben, nur weil er sich cool gibt. Trotz der scheinbaren Selbständigkeit braucht er Eltern, die ihn begleiten, ihm noch Geborgenheit bieten, sich für seine Belange interessieren und ihm, wenn nötig, Schutz gewähren. Die Kunst der Erwachsenen besteht in dieser Phase darin, den goldenen Mittelweg zu finden:

- Einerseits sollten sie den Sohn umsorgen, damit er sich sicher fühlt,
- andererseits ihm genug Freiraum gewähren, damit er selbständig werden kann.

Vor- und Nachteile, wenn man ein Spätentwickler ist

Hinkt ein Junge in seiner Entwicklung dagegen sichtbar hinter der seiner Altersgenossen her, ist er mit seinen 13 oder 14 Jahren körperlich fast noch ein Kind, dann entwickelt mancher leicht Minderwertigkeitskomplexe. Ein schmächtiger kleiner Kerl schaut verzweifelt auf die »Kraftbolzen« unter seinen Altersgenossen, weil er meint, mit ihnen nicht mehr mithalten zu können. Dieses Empfinden wird ihm in den folgenden Jahren immer wieder bestätigt – zum Beispiel durch

- einen Türsteher, der ihm den Eintritt in die Disco verwehrt,

- einen Sportlehrer, der ihn schlechter benotet, weil er bei bestimmten Übungen mit den Muskelpaketen unter den Mitschülern nicht mithalten kann,
- eine Tante, die herablassend »du bist ja noch ein bisschen mickrig für dein Alter!« zu ihm sagt.

Außerdem hat er vielleicht Probleme mit seinen Eltern, die die fatale Neigung haben, ihn nicht wirklich ernst zu nehmen. Sie bemuttern ihn wie in alten Zeiten, als er noch ein Jüngelchen war, fördern seinen Drang nach Selbständigkeit nicht, trauen ihm weniger zu als seinen Freunden, die gleichen Alters, aber weiter in ihrer Entwicklung sind.

Es gibt aber auch ein paar Vorteile für Spätentwickler: Sie können ihre Kindheit länger genießen und sich Zeit lassen, erwachsen zu werden. Sie werden nicht so plötzlich von allem Neuen überrollt und damit vielleicht überfordert.

Auch ein Spätentwickler braucht in dieser Entwicklungsphase besondere Unterstützung. Ihm wäre sehr geholfen, wenn Mutter und Vater ihn gerade jetzt verstärkt in ihr Erwachsenenleben einbezögen, ihn ausdrücklich mitreden und mitbestimmen ließen bei Familienthemen, um so einen Kontrapunkt zu setzen und zu signalisieren: Wir wissen, dass du erwachsen wirst, und wir behandeln dich auch wie einen Erwachsenen. Und natürlich helfen auch Informationen weiter über das, was Jugendlichen jetzt meistens zu schaffen macht: ihr Aussehen, das heißt ihre Größe, ihr Bartwuchs, der Zustand ihrer Haut.

Wenn nur noch schwer an den Jungen heranzukommen ist

Obwohl sie wissen, dass ihr Sohn in dieser Entwicklungsphase viel Verständnis braucht, haben Eltern meist ihre Schwierigkeiten damit, auf den Jungen jetzt besonders feinfühlig einzugehen. Es fällt nicht leicht, mit ihm über sein Innenleben zu reden – vor allem über seine erwachte Sexualität. Oft sind sie verkrampft, insbesondere Mütter sind jetzt leicht verunsichert. Sie spüren, dass das großspurige Gehabe der Söhne nur Pose ist, und fragen sich, wie sie mit ihnen über ihre körperlichen Veränderungen und über Beziehungen zu Mädchen sprechen können.

Kein Junge mag es, wenn sich seine Mutter in seine Intimsphäre einmischt. Wenn sie vorsichtig nach seinem Befinden fragt, erhält sie schnell eine Abfuhr. Selbst Eltern, die mit ihrem Kind sonst über alles und jedes reden, werden sich jetzt mit Gesprächsangeboten bisweilen einen Korb holen. »Lass mich in Ruhe, das geht dich nichts an!«, werden sie abgeschmettert. Kein Wunder, dass sich die Erwachsenen daraufhin zurückziehen. In einer solchen Situation gibt es dennoch drei Möglichkeiten, um an den Sohn heranzukommen:

- Erstens: Die Haltung der Eltern signalisiert, was sie denken. Reagieren sie zum Beispiel entsetzt auf ein Pornoheft, das sie zwischen den T-Shirts im Schrank finden, dann machen sie dem Sohn ein schlechtes Gewissen. Wie entlastend dagegen, wenn sie gelassen darauf reagieren und ohne großes Tamtam, nur mit einem kurzen Satz, darüber hinweggehen.
- Zweitens: Berichten sie von ihrer eigenen Jugend, von den Erfahrungen, die sie gesammelt haben, dann kann sich der Sohn darin vielleicht wiederfinden – vor allem, wenn der Vater erzählt.
- Drittens: Es ist sinnvoll, das Thema Sex offen, ohne Heuchelei und erhobenen Zeigefinger anzusprechen und die eigene Meinung kundzutun.

Ein Vater, der offen über die männliche Sexualität sprechen kann, eine Familie, für die das Thema Sex kein Tabu ist, kann einem Jungen viel Rückhalt geben und ihn animieren, sich zusätzlich zu informieren, um so die eigene Unsicherheit zu überwinden.

Ein Heranwachsender braucht gerade jetzt Menschen um sich, denen er vertrauen kann, denn selbst wenn er fest davon überzeugt ist, alles zu wissen, was ein junger Mann wissen sollte, kommen ihm immer wieder Zweifel, ob bei ihm auch wirklich alles gut läuft. Es interessieren jetzt Fragen wie: Wann bin ich zeugungsfähig? (Mit dem ersten Samenerguss.) Ist das normal, dass Farbe und Konsistenz der Samenflüssigkeit verschieden sein kann? (Ist normal.) Manchen Jungen beschleichen jetzt verstärkt Ängste und Minderwertigkeitsgefühle und zwar oft im Zusammenhang mit seinen Geschlechtsorganen und seiner Potenz.

Kaum einer mag seine Eltern über sein Sexualleben informieren, schließlich ist er dabei, auf Distanz zur Familie zu gehen und unabhängiger zu werden. Ihm sind in dieser Phase gleichaltrige Gesprächspartner lieber: die Freunde.

Stimmungsschwankungen – jetzt ganz normal

Hinter der Arroganz und abweisenden Haltung eines pubertierenden Jungen verbirgt sich eine empfindsame Seele – ein Sensibelchen, das viel Verständnis für seine Höhen und Tiefen erwartet – für die Stimmungsschwankungen, die es beuteln. Kein junger Mann ist begeistert, wenn er von seinen Eltern nun gute Ratschläge erntet wie etwa »Lass dich nicht so gehen!« oder »Verschon uns mit deinen Launen!«

Warum bist du bloß so schrecklich grantig?

■ *Ein 17-Jähriger hat im Nachbarort eine Lehrstelle gefunden und packt zu Hause seine Siebensachen zusammen. Zukünftig wird er in einem Lehrlingsheim wohnen. Etwas wehmütig hilft ihm seine Mutter beim Packen. Sie freut sich darauf, mit dem Sohn die letzten beiden Tage vor dem großen Abschied zu genießen und zu feiern. Deshalb hat sie einen Kuchen gebacken, wunderbar duftenden Kaffee gekocht und den Tisch hübsch gedeckt. Statt gemütlich mit dem Sohn am Tisch zu sitzen, muss sie sich eine kräftige Abfuhr gefallen lassen: »Was soll das?«, wird sie angefaucht und mit einem »Hab' keine Zeit!« abgefertigt. Sie isst ihren Kuchen schließlich allein. Ähnliche Situationen wiederholen sich. Der Junge macht seiner Mutter den Abschied doppelt schwer, weil er, so bissig wie nie, ununterbrochen etwas an ihr auszusetzen hat – nichts kann sie ihm recht machen: Die Art, wie sie ihm hilft, sein Zimmer in Ordnung zu bringen, macht ihn wahnsinnig. Das, was sie ihm erzählt, langweilt ihn mordsmäßig. Und wie sie guckt – das ist überhaupt das Allerletzte. Völlig verunsichert zieht sich seine Mutter schließlich ganz zurück, sagt keinen Pieps mehr, sondern überlegt nur noch: Welche Laus ist dem Jungen bloß über die Leber gelaufen? Schließlich reimt sie sich folgende Lösung des Rätsels zusammen: Eine Mutter, die man für blöd erklärt, verlässt man leichter als eine besonders liebevolle. Ob dieser Reim stimmt?*

Den heranwachsenden Sohn bitte nicht belächeln

Der Junge will sich rasieren, obwohl erst vereinzelt Barthaare sprießen. Dauernd steht er vor dem Spiegel, dreht und wendet sich und betrachtet sich mal begeistert von seinem Aussehen, mal betrübt über das, was er zu sehen bekommt. Seine Füße sind auf einmal riesig, die Hände richtige Pranken und dazu noch die Kleine-Jungen-Stimme, die manchmal aus der Balance kippt und krächzt – nicht unbedingt verwunderlich, dass Mutter und Vater ihren Sohn in dieser Umbruchzeit ab und zu belächeln. Was keine gute Idee ist, denn einem Jungen ist in dieser Phase überhaupt nicht danach, sich auf den Arm nehmen zu lassen, und über sich selbst kann er schon gar nicht lachen – erst recht nicht, wenn Geschwister oder Gleichaltrige noch in den Chor mit einstimmen und sich über seine Pickel und den ersten Flaum im Gesicht lustig machen. Viel zu dramatisch und beunruhigend sind die Veränderungen, die er gerade durchlebt, als dass er locker und lässig damit umgehen könnte. Zwar ist der junge Mann einerseits stolz auf seine beginnende Männlichkeit, andererseits jedoch überaus verletzlich, weil er mit seinem neuen Selbstbild noch wenig anzufangen weiß. Er fühlt sich nicht wohl in seiner »neuen« Haut und kann deshalb über Spott nicht mitlachen – erst recht nicht, wenn seine Mama ihn belächelt. In solch einem Moment sieht er vielleicht nicht seine Mutter in ihr, die es eigentlich gut mit ihm meint, sondern eine Frau, die sich über ihn lustig macht. Und gerade das kann er jetzt überhaupt nicht gebrauchen, denn er will doch geliebt, angenommen und respektiert werden.

Verständnisvolle Eltern zwingen ihrem Nachwuchs nicht die eigenen Maßstäbe und Beurteilungen auf – »Die paar Pickel können doch kein Problem sein!«, – sondern werden sich verständnisvoller zeigen und begreifen, dass ein paar Pickel sehr wohl ein Problem für einen 14-, 15- oder 16-jährigen Jungen sein können. Auf einen Jugendlichen kann es provozierend wirken, wenn Erwachsene seine Probleme klein reden wollen. Besser: Loben, was zu loben ist. Dem 15-Jährigen sagen, dass er langsam Muskeln wie ein echter Fußballer habe.

> ### Komplimente: Balsam für die Seele
>
> ■ *Der 16-Jährige fühlt sich mit seiner Länge von gerade mal 170 Zentimetern ziemlich mickrig und schwächlich, erst recht, weil er dazu noch spindeldürr ist – kein Hauch von Muskeln zu entdecken. Um wenigstens beim Thema Fitness mit seinen Freunden mithalten zu können, joggt der Junge jeden Morgen. Sein Vater, als großer Spötter in der Familie bekannt, macht sich über den Frühsport lustig. Er flachst: »Wenn's denn der Männlichkeit dient!« Tief verletzt, würdigt ihn der Sohn keines Blickes.*
>
> *Stunden später bemüht sich die Mutter um Ausgleich, indem sie ihrem Sohn scheinbar zufällig ein dickes Kompliment macht. Als sie ihm sagt, er habe eine tolle Ausstrahlung und ein sehr charmantes Lächeln, strahlt der Junge und ist gleich um etliche Zentimeter gewachsen.*

Keine Zeit für den Sohn und kein Interesse?

Folgende Geschichte, oder ähnliche, spielen sich in dieser Phase in vielen Familien ab: Früher, als der Junge noch goldene Locken hatte und ein süßes Lächeln auf den Lippen, war der Papa wahnsinnig stolz auf seinen Nachwuchs. Heute meint er, wenn er seinen Sohn betrachtet: Typisch Pubertät. Das Niedliche ist dahin. Im Gesicht sprießen nun die ersten Pickel. Auf dem Kopf wuchert ungepflegtes Wuschelhaar. Und die Klamotten, die der Bengel trägt, sind auch nicht gerade das Nonplusultra. Er weiß mit seinem Sohn nicht mehr viel anzufangen.

Weil der Nachwuchs den eigenen Erwartungen und Hoffnungen nicht mehr entsprechen mag, macht mancher Vater jetzt dicht. Er schaut einfach weg – in eine andere Richtung, kümmert sich nicht mehr groß um seinen Nachwuchs oder noch weniger, wenn er bislang schon nicht viel Zeit für ihn hatte. Er verliert das Interesse an ihm, er hat keine Lust mehr, sich mit einem Jugendlichen auseinander zu setzen, der auf einem anderen Stern zu leben scheint – weit entfernt von der Wirklichkeit seiner Eltern, von deren Vorstellungen und Werten. »Sind ja doch immer ein- und dieselben Themen, die zu Hause aufs Tapet kommen, und der Junge will sich ja partout nicht belehren lassen«, wird dann mit einem resignierten Seufzer festgestellt. Der Junge will einfach nicht vernünftig werden, was im Klartext heißt: Er mag nicht das tun, was sein Vater von ihm erwartet.

Mancher, der nun auf Abstand zu seinem Sohn geht, fürchtet sich vor häuslichen Auseinandersetzungen: »Immer Zoff um Themen wie Pünktlichkeit und Ordnung oder die leidigen Schulleistungen!« Er hat einfach keine Lust auf diese Themen oder weiß nichts dazu beizutragen. Erziehung ist nicht seine Stärke, und Diskussionen sind es auch nicht.

Die Pubertät ihres Sprösslings möchten viele Väter auch aus anderen Gründen gerne überspringen:

Der Junge schießt nun in die Höhe, bekommt eine tiefe Stimme – es ist nicht zu übersehen, dass er erwachsen wird, vor allem wenn er vor Kraft strotzend, topfit und plötzlich um ein paar Zentimeter größer als noch vor wenigen Monaten vor seinem Vater steht, der plötzlich das Gefühl bekommt, zum alten Eisen zu zählen, abgehängt zu sein, und sich gegen dieses Gefühl wehrt: »Das ist noch lange nicht so weit!« Mancher »alte Herr« fühlt sich jetzt von dem jungen Herrn enttrohnt – in Zeiten, wo in der Gesellschaft nur die Jugend zählt, für viele eine bittere Erkenntnis.

Es gibt Väter, die sich nicht damit abfinden wollen, dass jetzt auch für sie ein neuer Lebensabschnitt beginnt. Lassen sie sich auf diesen neuen Lebensabschnitt ein, wird ihnen plötzlich klar, dass sie

- älter geworden sind,
- männliche Konkurrenz in der Familie bekommen haben, und dass
- neue Zeiten auf sie zukommen, ob sie wollen oder nicht.

Väter reagieren sehr unterschiedlich auf diese plötzliche Erkenntnis:

- Viele schauen weg, ziehen sich zurück von der Familie, um nicht dauernd mit diesem »neuen« Mann konfrontiert zu werden, der sich zu Hause breit macht.
- Andere legen beruflich noch einmal richtig los, um sich selbst, dem Sohn und der ganzen Welt zu beweisen, dass sie nicht weniger kraftstrotzend und topfit sind als der erwachsen werdende Sohn.
- Nicht wenige spielen den Kumpel. Biedern sich bei ihrem Nachwuchs und seinen Freunden an.

Es verletzt einen Jungen, wenn für einen Vater das Erwachsenwerden seines Sohnes in erster Linie bedeutet, an dem eigenen Selbstwertgefühl zu basteln. Gerade jetzt, in dieser Aufbruchphase an der Schwelle zum Erwachsenendasein, braucht ein Junge die Anerkennung seines Vaters mehr denn je, braucht er seine Unterstützung und Begleitung. Er will als Diskussionspartner wahr- und ernst genommen werden und als Partner der Erwachsenen endlich befreit sein von der Kinderrolle.

In einer diskussionsfreudigen Beziehung erfährt ein Sohn, welche männlichen Rollenvorstellungen sein Vater hat, wie er seinen Männeralltag erlebt und für welche Werte er sich einsetzt. Letztlich hat nur ein Vater, der sich auf Auseinandersetzungen mit seinem Sohn einlässt, die Chance, eine vertrauensvolle Beziehung zu seinem Sohn aufzubauen. Nimmt der Vater seinen Platz in der Familie ein, so erleichtert er seinem Sohn damit die Ablösung von der Mutter – ein wesentlicher Schritt zum Erwachsenwerden.

Selbst wenn ein Heranwachsender seinen Vater kaum oder gar nicht zu Gesicht bekommt, entwickelt er bestimmte Vorstellungen von ihm, gespeist aus dem, was andere über ihn sagen. Diese Bilder fließen in die Suche nach seiner männlichen Identität ein. Je klarer, offener und sachlicher eine Mutter über den Vater ihres Sohnes spricht, desto leichter fällt es dem Jungen, sich ein einigermaßen stimmiges Bild von dem Mann zu machen, der sein Vater ist.

Die Freiheit – jetzt wichtiger als eine gute Beziehung

Bleibt der Vater eine ferne Figur und lässt sich bei dem Sohn nur selten sehen, verringert sich mit der Pubertät die Chance, dass sich beide jetzt noch näher kommen. Denn nun wird dem Sohn seine Selbständigkeit mit jedem Tag kostbarer. Das Zuhause? Nicht mehr so wichtig! Die Familie? Nicht mehr an erster Stelle. Zu neuen Ufern will er aufbrechen, das ist nun sein Ziel. Mischt sich der Vater jetzt in das Leben seines Sohnes ein, bekommt er nicht selten die Rechnung für seinen jahrelangen Mangel an Engagement serviert: »Du hast mir gar nichts zu sagen«, heißt es dann, »du schon überhaupt nicht, denn du hast keinen blassen Schimmer davon, was in mir eigentlich vorgeht und wer ich bin!«

Eine Mutter kann die Lücke nicht füllen, die ein Vater hinterlässt, wenn er keine bedeutende Rolle im Leben seines Sohnes spielt. Ein Junge braucht in dieser Zeit der Veränderung ein männliches Vorbild und weniger eine Mama zum Liebhaben. Jemand, der ihm Mut macht und ihn unterstützt auf der Suche nach seiner eigenen Identität. Das, was eine Mutter vor allem zu bieten hat – Verständnis, Zuneigung, Zuwendung – das alles ist wunderbar, aber jetzt nicht mehr genug.

Entzieht sich der Vater dieser Aufgabe, steht eine allein erziehende Mutter nun wieder vor der schwierigen Frage, wie ihr Sohn eine Vaterfigur finden kann, die er als Spiegel seiner männlichen Identität braucht. Um die Gefahren einer zu engen Mutter-Sohn-Beziehung zu verringern, ist es wichtig, dass die Mutter Kontakte ihres Sohnes zu erwachsenen, männlichen Verwandten oder Freunden fördert und immer wieder bei sich selbst überprüft: »Wie gehe ich mit Männern um? Wie spreche ich über sie? Welche Botschaften vermittle ich einem Jugendlichen mit dem, was ich sage?« Sicher ist, dass sie ihre Einstellung – ob willentlich oder nicht – an ihren Sohn weitergibt.

Wie kann sie die Situation positiv verändern? Indem sie den Vater zu mehr Engagement motiviert, ihm zu verdeutlichen versucht, dass ein Sohn keinen guten Kumpel als Vater braucht, sondern einen erwachsenen, verständnisvollen Partner, mit dem er ernsthafte Auseinandersetzungen führen kann – nicht dauernd und täglich, aber wenigstens ab und zu. Gesucht wird ein Vertrauter, der dem Jugendlichen zeigt, wie man als Mann sein Leben angehen kann. Der ihm ein paar hilfreiche Tricks verrät und vor allem immer wieder signalisiert: du bist in Ordnung, und damit hilft, das Selbstwertgefühl des Heranwachsenden zu stärken.

Lässt sich der Vater nicht in die Pflicht nehmen oder bleibt eine Entfremdung zwischen Vater und Sohn bestehen, dann beginnt erneut die Suche nach einem Ersatzvater: Wer könnte die Rolle vorübergehend übernehmen – wieder der Patenonkel, der Onkel oder ein guter Freund?

Keine Zeit für Küsschen

■ Von Pubertät weit und breit noch keine Spur. Oder gibt es doch schon erste Hinweise darauf? Jeden Morgen weckt die Mutter ihren zehnjährigen Sohn, indem sie sich auf seine Bettkante setzt, ihn im Nacken krault und ihm ins Ohr flüstert: »Aufstehen, du musst dich für die Schule fertig machen!« Bislang bestand die Antwort des Jungen darin, wie ein dicker Bär zu brummen – extra tief und extra laut. Seit einiger Zeit mag der Bär nicht mehr brummen, will vor allem nicht mehr im Nacken gekrault werden. Wenn die Hand seiner Mutter naht, dann verzieht er sich nicht nur unter seine Bettdecke, sondern rückt von ihr ab, bis fast an der Wand. Seine Signale sind eindeutig. Er mag ihre Zärtlichkeiten nicht mehr, nimmt die Mutter des Zehnjährigen zur Kenntnis. Wehmütig betrachtet sie ihren Kleinen. Aus und vorbei – die Kindheit nimmt ihren Abschied. Jetzt ist Schluss mit Streicheln und Küssen. Das passt nicht mehr zu ihm. Das heißt auch: Der Junge braucht jetzt einen Wecker. Die Traurigkeit der Mutter hält sich in Grenzen, weil sie das Ganze schon einmal bei dem älteren Bruder erlebt hat. Auch der konnte ihr Streicheln irgendwann nicht mehr ertragen und zog sich zurück. Was seine Mutter damals nicht wusste, jetzt aber weiß: Dieser Rückzug ist eindeutig der Auftakt zur Pubertät. Damals reagierte sie sehr verunsichert darauf. Inzwischen ist sie gelassener, weil sie weiß, das Pendel wird zurückschwingen. Wenn die Pubertät geschafft ist, werden Zärtlichkeiten wieder möglich sein, allerdings mit umgekehrtem Vorzeichen: Dann wird sie nicht mehr ihren Sohn in die Arme nehmen, sondern umgekehrt der Sohn seine Mutter. Die Beziehung zwischen Mutter und Sohn wird dann eine neue Ebene erreichen.

Eltern haben immer ihre Zweifel und Schuldgefühle

Entwickelt sich der Sohn in eine Richtung, die ihnen nicht geheuer ist, stellen sich Eltern immer wieder die Frage: »Welche Fehler haben wir gemacht?« Haben sie auf einmal einen blasierten Macho vor sich, fragen sie sich, inwieweit sie eine derartige Entwicklung gefördert haben könnten.

Ist der Sohn dagegen eher ein sanfter, nachdenklicher Junge, dann wundern sie sich: »Wie kommen wir zu einem solchen Sohn?«

Egal, ob zu männlich oder zu unmännlich: Es ist nicht ungewöhnlich, dass Eltern ihre Zweifel haben und sich oft mit Schuldgefühlen herumquälen, wenn ihre Erwartungen nicht erfüllt werden.

Und wie soll die Erziehung aussehen?

Im Grunde ist das Gehabe hilflos, mit dem mancher Jugendliche seine Unsicherheit überspielt: großmäulig, protzig und ungeschlacht. Er reißt nun gerne dumme Witze und lauscht den Erfahrungsberichten seiner Freunde. Ist es für einen Jungen heute leichter oder schwieriger als früher, zum Mann heranzuwachsen?

- Früher war das männliche Rollenbild fest umrissen und eindeutig vorgegeben. Jeder Junge wusste, was im Mannesalter auf ihn zukommen würde: Er hatte zu Hause den Chef abzugeben und die Existenz der Familie zu sichern. Abweichungen von dieser Norm waren verpönt. Weiche, zarte, sensible Jugendliche galten nicht als echte Männer. Nur die selbstbewussten, starken hatten die Chance akzeptiert zu werden.

- Heute gibt es kein festes männliches Rollenbild mehr, sondern ganz verschiedene Varianten: Ein Mann kann, aber muss nicht heiraten, kann ganztags oder halbtags arbeiten oder als Hausmann die Familie versorgen, kann ein sensibler Softie sein oder ein begnadeter Selbstverwirklicher. Wer die Wahl hat, hat die Qual – mancher junge Mann tut sich mit einer Entscheidung schwer: Wozu will ich mich zählen? Die Vielfalt der Möglichkeiten, das Zwanglose macht die Sache nicht unbedingt einfacher. Vor allem die unsicheren Kandidaten unter den jungen Männern, die nicht im Reinen mit sich selbst sind, tun sich schwer damit, ihre Position in dieser offenen Gesellschaft zu finden.

Selbst wenn der Vater eines jungen Mannes kein typischer Vertreter der traditionellen Männerrolle ist, selbst wenn die Mutter alles tut, um zu verhindern, dass ihr Sohn zu einem hart gesottenen, herrschsüchtigen Kerl heranwächst, und sich bemüht, ihn zu einem empfindsamen und mitfühlenden Menschenkind zu erziehen, so haben Eltern damit noch lange nicht die alten geschlechtstypischen Rollen begraben. Immer noch schwingen – verbal oder nonverbal – unterschwellige Botschaften an einen Jungen mit, die ihm vermitteln: »Du musst es beruflich zu etwas bringen! Mach Karriere! Sei nicht zu nachgiebig, zu weich!« Von klein auf wird mancher Junge mit solchen Erwartungen konfrontiert.

Hat sich ein Jugendlicher zu einem besonders einfühlsamen Wesen entwickelt, dann muss er damit rechnen, als »Softie« verhöhnt zu werden – seltener von weiblichen, häufiger von männlichen Altersgenossen, die unbeirrt an den alten Rollenbildern festkleben. Softie – dieses Etikett mag sich kaum ein Junge aufdrücken lassen, denn nichts verletzt einen jungen Mann mehr, als von seinen Altersgenossen den Stempel »weibisch« oder »tuntig« oder »kein ganzer Kerl« aufgedrückt zu bekommen. Er spürt die abschätzigen Blicke der anderen, ihre Skepsis und ihre Vorbehalte, wenn er in den Verdacht gerät, ein »Weichei« zu sein. Leider greifen die alten Klischees noch, denn egal ob am Stammtisch oder im Tennisverein, in vielen Männergruppen stehen die »echten« Männer immer noch hoch im Kurs.

Sollen Jungen, die sich nicht in die Schublade mit der Aufschrift »zu weich« packen lassen möchten, ihre »neuen« Fähigkeiten wie Sensibilität oder Rücksichtnahme verstecken und wieder in das alte Raster fallen, nur um bei ihren Altersgenossen gut dazustehen? Sie sollen bleiben, wie sie sind. Sich in Geduld üben und selbstbewusst darauf vertrauen, dass sie mit ihrer Art Anklang bei den Leuten finden werden, die ihnen wichtig sind.

Außerdem verändert sich das Bild langsam, und dabei helfen die Mädchen entscheidend mit. Die jungen Damen von heute mögen weichere, verständnisvollere Jungen. Sie schauen sich ihre Kandidaten genau an, schätzen ihre Individualität und versuchen, ihnen nicht gleich wieder die alten Etiketten aufzudrücken. Wenn sie Vorreiter spielen und die »neuen«, sensibleren, einfühlsameren jungen Männer attraktiv finden, wenn sie mehr als nur »gute Freunde« in ihnen sehen können, dann wird das die harten Supermänner alten Schlags auf Dauer verunsichern, beeindrucken und nachdenklich machen. Irgendwann werden sie sich fragen: »Was ist so besonders an diesen Typen? Was hat so einer, was ich nicht habe?« Warum kommt solch ein Junge so gut bei den Mädchen an – was macht ihn in ihren Augen so attraktiv? Wenn sie klug sind, werden sie sich eine Scheibe von diesen besonderen Fähigkeiten abschneiden – nicht nur, weil sie dann mehr Wirkung auf Frauen erzielen, sondern weil sie langsam mitbekommen, dass sie selbst in ihrer Persönlichkeitsentwicklung auch davon profitieren können. Das Leben ist einfach angenehmer, wenn man einen etwas sanfteren Kurs fährt.

Zotige Sprüche, ordinäre Witze – jetzt besonders gefragt

Je obszöner die Zoten, je ordinärer die Witze, umso größer der Reiz an der Sache. Woher rührt der Hang zu derben Sprüchen bei Jugendlichen – vor allem bei Jungen? Verschiedene Gründe machen den Reiz aus:

Erstens: Weil die Erwachsenen diese anstößigen Sprüche nicht ungerührt hinnehmen mögen, drücken sie ihr Missfallen aus und zeigen sich geschockt. Damit ist das erste Ziel erreicht, denn der Sinn ordinärer Witze liegt in der Provokation. Ein Heranwachsender will sich von den Erwachsenen absetzen, indem er Tabus verletzt. Grob und ungeschliffen daherzureden gilt ihm als Befreiungsschlag.

Zweitens: Der Reiz der Provokation verdoppelt sich noch, wenn das Thema Sex mit einer besonders prickelnden

Nichts als dumme Sprüche

■ *Sie kann es nicht mehr hören. Kaum sitzen die Brüder, 14 und 15 Jahre alt, am Tisch, beginnen sie damit, unflätigen Sprüche zu machen. Der eine gibt einen Spruch vor wie »Kennst du Tittenkofen im Landkreis Frauenburg?« Der andere steigt sofort ein mit dem nächsten blöden Witz: »Ich kenne nur Fukking!« Auf diese Weise schaukelt sich die Unterhaltung hoch. Die Mutter der beiden fährt dazwischen mit einem: »Lasst das endlich! Gebt Ruhe!« Die Jungen grinsen und denken sich neue Provokationen aus. Ihre Mutter überhört die Bemerkungen schließlich in der Hoffnung, dass das Spiel auf Dauer uninteressant wird, wenn sie nicht mehr darauf reagiert.*

Mischung aus Neugier und Lust ins Gespräch kommt. Alles, was mit Sex zu tun hat, interessiert Jugendliche brennend, weil es noch Neuland ist und erkundet werden muss, und sei es mit Hilfe blöder Witze.

Drittens: Es gilt unter Jungen als besonders männlich, wenn einer als Sprücheklopfer auftrumpft. Witze zu reißen ist ähnlich wie das Pfeifen im Walde: Es übertüncht die eigene Unsicherheit.

Bloß nicht zu weibisch daherkommen

In den ersten Lebensjahren sind Mutter und Sohn eine Einheit. Die Mutter bleibt jahrelang das große Vorbild des kleinen Jungen. Von ihr lernt er, seine und ihre Gefühle wahrzunehmen, Gefühle zu zeigen und darüber zu reden. Die intensiven Gespräche sind ein wichtiger Bestandteil ihrer Beziehung. Während der Grundschulzeit lockert sich diese enge Bindung dann etwas, denn andere Bezugspersonen gewinnen an Einfluss.

- Zum Ersten die Freunde in der Grundschulklasse, die mehr Freude am Rennen haben als am Reden.
- Zum Zweiten der Vater, der in dieser Phase zum großen Vorbild wird. Eventuell hält er grundsätzlich nicht viel von langen Gesprächen über dieses und jenes, beäugt die enge Mutter-Sohn-Beziehung vielleicht sogar misstrauisch.

Unter dem Einfluß von Freunden und seinem Vater denkt sich der Junge: Bloß nicht zu weibisch sein, und gibt sich spätestens während der Pubertät alle Mühe, zu einem »richtigen« Kerl zu werden – zu einem Mann, den Vater und Freunde vor Augen haben, wenn sie von einem »richtigen« Mann sprechen.

Aus Angst vor dem Etikett »weibisch« schieben viele Jungen diese ersten wichtigen Erfahrungen mit ihrer Mutter beiseite und trauen sich nicht mehr, das zu leben, was sie von ihr eigentlich gelernt haben. Sie verstecken ihre sanftere Seite und kommen stattdessen betont männlich daher, insbesondere während der Pubertät, in einer Entwicklungsphase in der sie

- erstens ihre neue, ihre männliche Identität finden müssen,
- zweitens den Absprung von zu Hause vorbereiten, die emotionale Abhängigkeit von ihrer Mutter wieder ein Stück lockern müssen.

Wenn Jungen diese Erinnerungen an erste frühe Erfahrungen mit ihrer Mutter verdrängen, verlernen sie manchmal ganz, was sie früher doch einmal zuließen: Wärme und Nähe zu genießen, sensibel auf andere Menschen zu reagieren.

Ich will kein Weichei sein

■ *Er wolle mit ihr über seine Erziehung reden, bekommt die Mutter dreier Söhne von ihrem Ältesten zu hören, der die Pubertät gerade hinter sich hat. Der junge Mann hat eine Berufsausbildung begonnen, lebt seit einigen Monaten nicht mehr in der Familie, sondern sammelt jetzt außerhalb des vertrauten Umfeldes seine ersten Erfahrungen – vor allem neue soziale Erfahrungen –, und die scheinen ihn reichlich zu beschäftigen.*

»Über seine Erziehung mag er reden – das kann nur bedeuten, dass er abrechnen, die Fehler aufzählen will, die wir Eltern bei seiner Erziehung gemacht haben«, denkt seine Mutter und sitzt leicht angespannt auf ihrer Stuhlkante. »Was werde ich gleich zu hören bekommen?«

Alles sei ziemlich aufregend, berichtet der Sohn. Es sei nicht schwierig, neue Freunde zu finden – besser gesagt neue Freundinnen, sagt er. Nicht schwierig, weil er bei den Mädchen gut ankomme, und er wisse auch warum: Weil er Freude an langen Gesprächen habe. Weil er gut zuhören könne. Weil er einfühlsam sei. Weil er sich einigermaßen zu benehmen wisse. Weil er leiser und zurückhaltender auftrete als viele andere Jungen. Er hätte einige Eigenschaften zu bieten, die Mädchen bei Freunden wohl zu schätzen wüssten.

Seine Mutter entspannt sich: Das hört sich gut an. Aus dem Jungen ist ein sympathischer Mann geworden. Einer, der Frauen ein verständnisvoller Partner sein kann. Die Mutter ist stolz auf ihren Sohn – und ein wenig auch auf sich: geschafft. Endlich sitzen Jungen und Mädchen in einem Boot. Daran hat die Erziehung sicherlich auch ihren Anteil.

Wie sah diese Erziehung aus? Ihr fällt ein, dass Mutter und Sohn immer intensiv miteinander geredet haben – von klein auf. Über alles, was ihnen durch den Kopf ging, haben sie geredet und dabei immer wieder gefragt: »Was hältst du davon? Mit welchen Gefühlen betrachtest du dies und das? Wie siehst du dich selbst und die anderen, und wie fügt sich das alles zusammen? Welche Gedanken machst du dir?« Aber noch ehe sie sich wohlig auf ihrem Stuhl zurücklehnen kann, wird der Mutter nun eine Mängelliste ihrer Erziehung serviert – die Kehrseite der Medaille: Nur bei den weiblichen Wesen käme er mit seiner Wesensart gut an, bei den männlichen weniger, sagt der Sohn. Er wisse auch, warum die Jungen ihn mit Skepsis betrachteten: Weil er leise und zurückhaltend sei. Weil er sich nicht für Autos interessiere. Weil er unkompliziert und eher freundschaftlich mit Mädchen umgehe. Sein Fazit: »Sie halten mich für ein Weichei!« Und das stört den jungen Mann erheblich, denn dauernd von weiblichen Wesen umgeben zu sein ist eigentlich nicht sein Ding. »Das ist viel zu einseitig!«, erklärt er. »Ich will auch Freunde haben, mit denen ich machen kann, was Mädchen weniger interessiert – zum Beispiel Fußball spielen.« Danach bekommt die Mutter von ihrem Sohn einen längeren Vortrag darüber zu hören, dass sie ihn ja auf vieles im Leben gut vorbereitet habe, aber nicht auf sein Dasein als Mann. »Vater war selten da. Und du hast uns Söhnen nicht gerade das Rüstzeug mitgegeben, das wir brauchen, um von männlichen Wesen wirklich akzeptiert zu werden. Wir haben zwar gelernt, für alles und jeden Verständnis zu haben, Rücksicht auf andere zu nehmen und einfühlsam zu sein. Das ist alles bestens, und ich möchte es auch nicht missen, aber es ist nicht gerade das, was uns in den Augen gleichaltriger Jungen attraktiv macht. Da sind andere Fähigkeiten gefragt!« Und dann berichtet er, was bei den jungen Männern zählt – jedenfalls bei denen, die er kennen gelernt hat: Männersprüche. Männerrituale. Männerdynamik. Männercoolness. Dazu: Immer unterwegs sein. Witzige Sprüche auf Lager haben statt langer Gespräche. Und wenn geredet wird, dann über Fakten und nicht über Gefühle. Alles wie gehabt. Haben die jungen Herren von heute wirklich so wenig dazugelernt und häufig nichts Besseres zu tun, als wieder den großen Macher zu spielen und in die alte Männerrolle zu schlüpfen? Ob alte oder neue Männerrolle, das ist diesem jungen Mann letztlich egal. Er will wissen, wie er aus der Bredouille kommt und den Spagat schafft zwischen den konträren Rollen verständnisvoller Junge – ganzer Kerl. Wie kann es gelingen, beides unter einen Hut zu bekommen? Denn einerseits mag er sich den guten Kontakt zu den Mädchen nicht verscherzen, andererseits aber auch von den Jungen akzeptiert werden. Schließlich kommt er selbst dahinter. Er beschließt, keine Strategien zu entwickeln, nicht zu taktieren. Eben keine Rolle zu spielen, nur um sich anzupassen und es den Einen oder den Anderen recht zu machen. Er will bleiben, wie er ist: sensibel, durchsetzungsfähig, einfühlsam, ruppig, zartbesaitet, zupackend, träumerisch – alles zusammen. Er mag sich nicht in eine Schublade packen und abstempeln lassen, sondern tritt die Flucht nach vorne an: Schluss mit den Klischees. Er sagt: »Ich muss keinem Bild entsprechen, keine bestimmte Männerrolle verkörpern, um ak-

> zeptiert zu werden oder durchzukommen in dieser Gesellschaft.
> Wenn ich selbstsicher genug, wenn ich mit mir im Reinen bin, dann
> finde ich auch auf meine Weise Freunde – weibliche und männliche.
> Vielleicht muss ich nur Geduld haben.

Mutproben – das beliebte Spiel mit dem Risiko

Ein Junge lotet gerne aus, was in ihm steckt. Zeigt, wie furchtlos er ist und dass er das Zeug zu einem wahren Helden hat. Er ist darauf aus, seine Kräfte auszuprobieren – nicht nur beim Sport, sondern auch bei Mut- und Kraftproben – bei Experimenten, die alle Eltern fürchten. Deshalb appellieren sie gerne an die Einsicht und Vernunft ihrer Sprösslinge: »Du musst doch kapieren, dass ein Draufgänger gefährlich lebt!« Meistens sind solche Appelle vergebens. Mutter und Vater eines risikobegeisterten Jugendlichen sitzen deshalb häufig mit Herzklopfen zu Hause. Dauernd müssen sie Angst um ihren Sohn haben. Warum nur hört der Junge nicht auf sie, wenn sie ihm die möglichen schrecklichen Folgen ausmalen, die sein gefährliches Treiben haben kann? Was ist bloß die Motivation für diese riskanten Kraftakte?

- Verwegenheit. Mutproben gelten immer noch als Zeichen besonderer Männlichkeit. Ein »richtiger« Mann darf keine Angst kennen, der Meinung sind auch heute noch viele. Mutproben gelten unter jungen Männern als Feuertaufe. Erst danach werden sie in die Riege der Männer aufgenommen.
- Ehrgeiz. Wer sich als Meister bei einer wahren Mutprobe erweist, wird von seinen Freunden gefeiert, und das gibt manchem ein gutes Gefühl. Er fühlt sich heldenhaft, richtig großartig.

- Langeweile. Normalerweise passiert nicht viel im Alltag. Die Abenteuer, die heute ein junger Mann zu bestehen hat, halten sich in Grenzen. Um der Langeweile zu entkommen sucht mancher Jugendliche den besonderen Kick bei riskanten Unternehmungen.

Das Spiel mit dem Feuer bekommt Auftrieb durch die Actionfilme, die sich Heranwachsende gerne ansehen. In diesen Filmen werden die Chauvis, die Machos, die Rambos verherrlicht – alles todesverachtende Typen, die jedes Hindernis aus dem Weg räumen und ein halsbrecherisches Wagnis nach dem anderen eingehen. Die Welt der Erwachsenen gibt also die Muster vor, die verwegene Jugendliche bei ihren Heldenspielen übernehmen.

Wie können Eltern gegensteuern? Indem sie sich zuerst fragen, welche unbefriedigten Bedürfnisse in ihrem wagemutigen Kind schlummern, warum es sich in Gefahr begeben will, warum es unbedingt den Kick einer Mut- und Kraftprobe braucht? Manchmal will es damit einfach nur auf sich aufmerksam machen. Oder es spürt sich nur bei tollkühnen Unternehmungen. Oft dient das Risiko auch als eine Art Ventil, verhindert Aggressivität.

Die Allmachtsfantasien der Jungen

Stark, unerschrocken, mutig will ein Heranwachsender sein, vor allem dann, wenn er sich in Wirklichkeit eher klein und unbedeutend fühlt. Deshalb plustert sich mancher fürchterlich auf, spielt den Alleskönner und Alleswisser und gibt sich unverletzlich und großartig wie ein Halbgott. Ein Junge zeigt gerne, dass er der Größte ist, unschlagbar dank seiner Muskelpakete und seiner besonderen männlichen Fähigkeiten.

Und damit das mühsam zurechtgezimmerte Selbstbild

auch keinen Schaden nimmt, muss er sich selbst erhöhen, indem er scheinbar Schwächere niedermacht.
- Die Mädchen müssen dafür herhalten. Mancher Junge gibt sich alle Mühe, der Welt zu zeigen, wie blöd die Mädchen doch sind – zu nichts zu gebrauchen.
- Die Eltern werden gerne abgewertet, zum alten Eisen gezählt und zu Spießern abgestempelt, die keinen blassen Schimmer vom wahren Leben haben. Jeder Fehler, den die »Alten« machen, wird freudig registriert, zeigt er doch, dass sie die Dinge des Lebens wirklich nicht mehr richtig im Griff haben, dass sie Schwäche zeigen und längst nicht perfekt sind. Damit fällt es leichter, auf Abstand zu ihnen zu gehen.

Ein heranwachsender Junge kann seine Abnabelung noch nicht dauerhaft genießen. Wenn er ins Stolpern gerät, wendet er sich wieder Rat suchend an seine Eltern: Ihre Hilfe wird nun wieder dringend gebraucht. Also auch in diesem Punkt ein ewiges Auf und Ab.

Das an den Tag gelegte Allmachtsgebaren hilft einem verunsicherten Jugendlichen, seine eigene Unzulänglichkeit und Unsicherheit zu überspielen. Die Angebereien sollen das labile Selbstwertgefühl stützen.

Erst wenn ein Junge die nötige Sicherheit und Standfestigkeit gewinnt, wenn er seine Identität gefunden hat, wird sein Verhalten wieder ausgeglichener. Dann hat er es nicht länger nötig, sich pseudostark zu gerieren und den Angeber zu spielen. Eltern sollten sich in dieser für ihr Kind schwierigen Phase vor allem in Geduld, Gelassenheit und Zurückhaltung üben. Wenn sich ein Junge ständig Vorhaltungen über ungebührliches Männergebaren anhören muss, schaltet er ziemlich bald auf Durchzug. Mit der Zeit gibt sich der Allmachtswahn von alleine wieder.

Sport: jetzt wichtiger denn je

Auf das Fußballspielen, auf das Joggen – auf Sport mag kaum ein Jugendlicher verzichten, denn beim Laufen kann er seine überschüssigen Kräfte loswerden und sich richtig austoben. Wenn er in Bewegung ist, spürt er sich, spürt seinen Körper, lernt, ihn zu beherrschen. Er überprüft seine Fähigkeiten, erprobt seine Ausdauer, entdeckt seine Schnelligkeit und seine Geschicklichkeit. Der Sport erleichtert es ihm, seine körperlichen Veränderungen positiv zu erleben. Wer Freude an den neuen Kräften hat und gerne in Bewegung ist, fühlt sich wohl in seiner Haut und hat damit wieder Boden unter den Füßen.

Hinzu kommt, dass ein Jugendlicher seine neu erworbenen Fertigkeiten gerne ausprobiert, seine Kräfte mit anderen messen möchte und seinen Spaß an Wettkämpfen hat: Wer hält länger durch? Wer springt höher? Wer ist besonders risikobereit? Ein Heranwachsender will körperliche Herausforderungen spüren und genießt es außerdem, zusammen mit anderen zu kämpfen. Deshalb ist der Mannschaftssport bei vielen besonders beliebt. Wenn er in einer Mannschaft kämpft, lernt ein Junge:
- Teamgeist, denn das Gemeinschaftsgefühl, auch das Bedürfnis nach Nähe wird in der Mannschaft groß geschrieben,
- Strategie und Taktik,
- Disziplin, denn nicht nur die eigenen Fähigkeiten stehen im Vordergrund, sondern auch das Einhalten der Spielregeln,
- Niederlagen zu verkraften und Siege zu genießen.

Beim Sport werden Aggressionen abgebaut. Wer über den Platz spurtet, egal ob beim Tennis- oder Fußballspiel, wird nicht nur überschüssige Energien los, sondern auch Frust und Ärger – negative Gefühle, die sich angesammelt haben. Und wer sich den Regeln unterwirft, die auf dem Platz gelten, lenkt seine Kräfte in feste Bahnen.

> ### Beim Sport Spannungen abbauen
> ■ *Der Junge ist heute durch den Wind. Wie ein eingesperrtes wildes Tier tigert er durch die Wohnung. Fängt dies an und jenes, bleibt nie bei einer Sache. »Lies doch mal das neue Buch, das du zum Geburtstag bekommen hast!« »Nein!« »Bring doch mal Ordnung in deine Fotos!« »Nein!« Was die Mutter ihrem Sohn auch vorschlägt, nichts kann ihn begeistern. Der 15-Jährige langweilt sich von Herzen. Endlich ist es 16 Uhr. Endlich kann er abrauschen, denn jetzt beginnt das Fußballtraining. Zwei Stunden später ist er wieder da, mit hochrotem Kopf, glühenden Wangen und blitzenden Augen, völlig verschwitzt – herrlich abgeschlafft, richtig ausgepowert. Mit neuer Energie macht sich der Junge jetzt daran, seine Hausaufgaben zu erledigen.*

Natürlich ist Sport nicht jedermanns Sache. Mancher Junge hält gar nichts davon – erst recht nicht, wenn seine Eltern versuchen, ihm das Ganze schmackhaft zu machen. Druck, erst recht Zwang haben wenig Aussicht auf Erfolg. Und das hat seine Gründe:

● Jugendliche legen großen Wert auf ihre Selbstbestimmung und machen gerne dicht, wenn sie Druck zu spüren bekommen.

● Nicht jeder kann mithalten beim Sporttreiben: Einem schmächtigen Bürschchen machen die abschätzenden Blicke seiner kraftstrotzenden Mitsportler vielleicht zu schaffen oder die Geringschätzung seines Trainers. Deshalb zieht er sich zurück.

Oder ein anderer stellt sich körperlich ungeschickt an,

ist ängstlich, fürchtet den Spott Gleichaltriger und macht deshalb nicht mit.

Aussehen und Fitness werden groß geschrieben

Ein Junge kümmert sich in der Regel wenig um die Beurteilung seines Aussehens durch Erwachsene. Ganz entschieden rückt er zum Beispiel von den elterlichen Erwartungen in puncto Kleidung ab. Ihre Vorstellungen gelten als bieder und viel zu konventionell. Deshalb geht ein junger Mann gerne auf Abstand, pocht in Kleiderfragen besonders darauf, als selbstbestimmtes Individuum gesehen zu werden – als Typ, der seinen eigenen Kopf auch in Modefragen beweist. Klamotten, Schuhe, Kosmetik – Mode ist längst ein Thema, das auch Jungen interessiert. Sie ziehen nach, legen zunehmend Wert auf gutes Aussehen – vor allem auch auf Fitness, auf einen perfekt gestylten Körper im Idealmaß.

Doch trotz Modebewusstseins – in der Regel ist ein Junge auch heute noch weniger anspruchsvoll in Bezug auf Kleidung als ein Mädchen.

In unseren körperbewussten Zeiten übertreibt allerdings mancher den Fitnesskult, um bei dem allgemeinen Wettbewerb »Wer hat den schönsten Körper?« mithalten zu können. Der Grund: Fitness und Aussehen werden zum Maßstab für den eigenen Status in der Gesellschaft gemacht. Schlappe Kerle werden zum Laufen in den Wald gescheucht oder müssen im Fitness-Center die überflüssigen Pfunde abtrainieren. Ein Junge, der dynamisch durchs Leben federt, der von den Haar- bis zu den Zehenspitzen fit ist, kann Vorteile verbuchen. Bei der Lehrstelle. In der Schule. In der Clique. Bei den Mädchen.

Oft geht bei dem Versuch, den Körper auf Idealmaß zu trimmen, die Freude an Bewegung und frischer Luft, an einem gesunden Leben verloren. Denn ein perfekter Körper lässt sich auch durch Bodybuilding nicht herbeizaubern, da nicht nur Fitness, sondern auch die Gene das Aussehen bestimmen. Die perfekte Muskelmasse will sich manchmal einfach nicht einstellen. Lässt der Kämpfer dann den Kopf hängen und fühlt sich als Verlierer, sind die Eltern gefragt: Es ist ihre Aufgabe, ihm den Druck zu nehmen, unter dem er steht, ihn wieder aufzubauen und sein Selbstwertgefühl zu stärken.

Die Clique – warum hat sie so viel Einfluss?

In der Gruppe fühlen Jungen sich stark. Laut tönend, oft gezielt provozierend in ihrem Auftreten, arrogant bis lässig ziehen sie gerne im Trupp um die Häuser. Für einen Jungen, noch eher als für ein Mädchen, ist die Clique ein Hort der Geborgenheit. Hier halten alle zusammen und bestätigen sich gegenseitig, wie cool sie sind. Alle pflegen dieselben Rituale. Um das Gemeinschaftsgefühl noch zu stärken, werden bestimmte Modetrends zur Norm erklärt, bestimmte Vorlieben gemeinsam gepflegt. Einmal in die Gruppe aufgenommen, muss man sich nicht mehr groß abstrampeln, um akzeptiert zu werden. Hier kann sich jeder ziemlich sicher fühlen, egal, ob er eher schmächtig oder dicklich, schüchtern oder angeberisch ist. Gut, wenn einer Mut, Kreativität oder Originalität beweist und dafür Anerkennung erntet. Aber es wird ebenso akzeptiert, wenn sich einer zurückhält und darauf verzichtet, eine besondere Position in der Gruppe zu beanspruchen. Für viele Jugendliche bedeutet das Freiheit pur. Endlich kein Druck, keine besonderen Ansprüche an Leistung.

Im Kreis vertrauter Gleichaltriger traut sich mancher eher, die Erwachsenen zu provozieren und ihre Vorstellungen zu reinem Blödsinn zu erklären. In der Clique gibt es keinen, der mit Belehrungen kommt oder mit Erziehungsmaßnahmen droht. Hier kann jeder so sein, wie er ist, und sich dabei endlich richtig erwachsen fühlen.

Die Clique ersetzt in der Zeit der Pubertät oft die Familie – erst recht, wenn von Familie zu Hause nicht viel zu spüren ist. Und das Leben in der Gruppe ist in jedem Fall bei weitem interessanter als das Leben in den eigenen vier Wänden!

Wenn sich allerdings einige in der Clique als Chefs aufspielen, wenn sie allein das Sagen haben und aus dem lockeren, lässigen Verband eine Gemeinschaft mit strikten Regeln wird, in der Druck und Macht ausgeübt werden, vergeht der Spaß am Cliquenleben bald, weil sich dann aufgrund des Gruppenzwangs die Konflikte häufen. Einem Jugendlichen fällt es schwer, sich aus solchen Zwängen zu befreien. Einerseits fühlt er sich in seiner Clique gut aufgehoben: »Wenigstens bin ich da nicht allein!« Andererseits mag er nicht über sich bestimmen lassen – gerade jetzt nicht, da er sich endlich erwachsen fühlt und neue Freiheiten genießen will.

Was denken Eltern, wenn ihr Sohn mit seiner Clique unterwegs ist?

● Einerseits sehen sie, wie wichtig die Clique für ihren Sohn ist. Ein Junge braucht nicht unbedingt einen besten Freund zum Quatschen (wie ein Mädchen die beste Freundin), er ist weniger darauf aus, seine intimen Geheimnisse mit anderen zu teilen. Deshalb ist ein größerer Freundeskreis genau das Richtige – vor allem wenn er aus lauter »netten« Jungs besteht.

● Anderseits erleben sie bei ihrem Kind, wie unangenehm eine Clique werden kann, wenn der Gruppendruck überhand nimmt. Dann möchten sie ihrem Sohn am liebsten den »schlechten Umgang« verbieten. Weil sie einem Heranwachsenden nicht mehr mit Verboten kommen können, versuchen sie, mit dem Jungen über seine

Clique zu reden – meist vergebens. Oft werden sie mit einem »Mischt euch nicht ein!« abgefertigt. Hier sind wieder Geduld, Einfühlungsvermögen, Gesprächsbereitschaft gefragt, um dann im richtigen Moment vielleicht doch einen Zugang zu dem Jugendlichen zu finden. Ein Junge, der ein Vertrauensverhältnis zu seinen Eltern hat, der ihre Diskretion zu schätzen weiß und ihre Toleranz, wird eher auf seine Clique verzichten können, wenn gute Gründe für einen Verzicht sprechen, als ein Junge, der zu Hause auf gestresste, uninteressierte Eltern trifft, die ihm vor allem signalisieren: »Stör mich nicht!«

REGISTER

Abfuhr 163
Abgrenzen 75
Abhängigkeit 43, 137 f., 178
Abhärtung 62, 118
Ablösung 84 f., 121, 143, 170
Abnabelung 183
Abschied 165
Abstand 41, 75, 84 f., 120 f., 155, 168, 183
Aggression(en) 45, 87, 89 f., 93, 97 f., 131, 144 f., 149, 182, 184
Alleinerziehende 79 f., 170
Anerkennung 136 f., 143, 169, 187
Anforderungen 143
Angeberei 126
Angst, Ängste 32, 46, 48, 62, 74, 102 ff., 131, 144, 164, 181
Ansprechpartner 80
Ansprüche 51, 82, 111, 119
Ärger 63, 185
Arroganz 164
Aufmerksamkeit 99
Auseinandersetzung(en) 117, 134 f., 168, 171
Aussehen 186
Außenseiter 74, 105

Balgereien 100
Barthaare 156
Beachtung 99
Bedürfnisse 9, 26, 38, 46 f., 52 f., 63, 74, 76, 86

Begeisterung 35, 70
Belehrungen 188
Bequemlichkeit 109, 123
Berufswelt 124 f.
Besserwisserei 112
Betreuung 67, 80
Bewegung 60 ff., 88, 184
Bezugsperson 43, 66

Chromosom 12
Clique 187 ff.
Computer 61, 114, 149 f.

Diskussionen 168
Distanz 41, 111, 121, 164
Disziplin 152, 184
Druck 89, 119, 137, 144, 158, 185, 188
Durchsetzungsvermögen 64

Ehrgeiz 181
Eifersucht 44
Eigenarten 50, 71
Einfühlungsvermögen 15, 37, 103, 134
Eitelkeit 117, 122
Empfindsamkeit 63
Empfindungen 68
Engagement 80, 85, 127
Entfremdung 171
Enttäuschung 34, 38, 124
Entwicklung 21, 43, 48 f., 52, 54, 57, 71, 73

Erfahrungen 35, 37, 56, 61, 70, 82 f., 100, 102, 115, 152, 163, 178
Erfolg/-serlebnisse 119, 125 f., 137
Ermahnungen 144
Ersatzmutter 67
Ersatzpartner 74
Ersatzvater 66, 79, 124, 171
Erwartungen 26, 33, 43, 49 f., 97 f., 118, 161, 167
Erzieherin 76 ff.
Erziehung 9 f., 12, 30 f., 48 ff., 65, 86, 89, 129 ff., 168, 178 f., 188
Erziehungsfehler 25

Familie 14 f., 48, 83, 108
Feinmotorik 21, 115
Fernsehen 61, 114, 133, 142, 148
Flegeljahre 141, 142
Freiheit(en) 41, 46, 86 f., 121, 170, 187
Freiraum 161
Freund(e) 60, 66, 69, 71, 74, 79 ff., 85, 101, 113, 117, 129, 136 ff., 150, 164, 170, 175, 177 f.
Frühentwickler 160 f.
Frust 19, 45, 63, 184
Führungsqualitäten 95
Fürsorge 20, 43, 47, 74, 76, 110, 121, 155

Geborgenheit 46 f., 117, 161, 187
Geduld 151, 183, 189
Gefahren 57, 62, 102
Gefühle 38, 68 ff., 73 f., 79, 88, 91, 102, 104, 144, 160 f., 177
Geheimnisse 38
Gelassenheit 67, 158, 183
Gemeinschaftsgefühl 184, 187
Geschlechterklischees 9, 64, 119, 175, 180
Geschlechtsentwicklung 155 ff., 164
Geschlechtsunterschiede 22
Gesellschaft 48, 52, 60
Gespräch(e) 51, 68, 90, 123, 189
Gestik 51, 53, 105
Gewalt 95, 148
Gleichberechtigung 10, 19
Grenze(n) 22, 86 f., 95 f., 129 ff.
Grobheiten 141
Gruppe 139, 187 f.

Halt 47
Hausarbeit 107 ff.
Hausaufgaben 117, 121, 139
Herausforderungen 184
Hilflosigkeit 27, 154
Hilfsbereitschaft 152
Höflichkeit 77

Identifikation 41, 80
Identität 10, 82, 151, 170 f., 178, 183
Imponiergehabe 143
Individualität 52 f., 71, 128

Integration 140
Intimsphäre 163
Intuition 53, 75, 133

Kindergarten 10, 59 ff.
Kleidung 186
Kommunikation 15, 23 f., 78
Komplexe 158
Komplimente 167
Kompromisse 134
Konflikte 46, 95 f., 129, 134 f., 147
Konkurrenzverhalten 95
Kontakt(e) 50 f., 80, 83, 106 f., 159, 170
Kraft 70, 101, 126
Kraftausdrücke 141 f., 144
Kreativität 61, 80, 128, 187
Kriegsspielzeug 146 ff.
Kritik 105
Kummer 63, 138

Langeweile 182
Lästergeschichten 82
Lebhaftigkeit 63, 100
Leistungsanforderungen 95 f., 119
Liebe 43, 46 f., 72, 76, 85, 117, 155
Loslassen 113 ff.

Macho 30, 114
Macht 133, 188
Mädchen 9 f., 12, 15, 18 ff., 29 ff., 36 ff., 50, 54, 56, 59 f., 62 f., 68, 70, 73, 84, 87, 98, 104, 106, 115 ff., 132, 136, 138 ff., 145 f., 154 f., 163, 175, 179, 183, 186
Männerbild 64, 66 f., 72

Männlichkeit 30, 120, 133, 175
Mannschaftssport 184
Maßstäbe 12, 141, 166
Meinungsverschiedenheiten 65
Mimik 51, 53, 105
Minderwertigkeitsgefühl(e) 115, 161, 164
Missbilligung 99, 105, 176
Misserfolge 62, 77, 125
Motivation 81, 181
Müdigkeit 157 f.
Mutproben 35, 62, 67, 101 ff., 181 f., 187
Mutter-Kind-Bindung 41
Mutter-Sohn-Beziehung 171, 177
Muttersöhnchen 43, 64, 120

Nachlässigkeit 67
Nachsicht 152
Nähe 84, 101, 136, 178
Niederlagen 184

Orientierung 86 ff., 152

Partner 14, 44
Penis 73, 156
Persönlichkeit 9, 48 f., 51, 53, 106, 159
Pflichten 110, 117
Pickel 156, 166 f.
Probleme 43 f., 91, 123
Provokation(en) 131, 144, 176 f.

Reflexe 50
Regeln 8, 98, 130, 140 f., 188
Risiko 159, 182

Ritual(e) 128 f., 180, 187
Rivalität 44, 116, 135, 154
Rolle 26, 37, 44, 48, 77, 85, 87 f., 169, 174, 180
Rollenbild(er) 25, 107 f., 151, 173 f.
Rücksicht 77, 97, 152, 175, 180

Samenerguss 155 f., 164
Schimpfen 89
Schimpfwörter 142
Schlaf 157 f.
Schlagen 89
Schüchternheit 106 f.
Schuldgefühle 84, 86, 173
Schule 10, 113 ff., 138
Schutz 46, 91, 161
Schwäche(n) 115, 126
Schwierigkeiten 66
Sehnsüchte 38, 122, 151
Selbständigkeit 41, 137, 154, 161 f., 170
Selbstbestimmung 185
Selbstbewusstsein 62, 158
Selbstbild 151, 166, 182
Selbsterfahrungen 134
Selbstvertrauen 81, 87
Selbstwertgefühl 89, 106, 137, 145, 151, 155, 169, 183
Sensibilität 175
Sex 164, 176
Sexualität 156, 158, 163
Sicherheit 47, 87, 142, 183

Sonderbehandlung 29 f., 110, 141
Spannungen 67, 185
Spätentwickler 161 f.
Spielzeug 9, 127
Sport 167, 184 f.
Spott 166, 186
Sprachentwicklung 22
Stärke(n) 62, 115, 155
Stimmbruch 156
Stimmung 154, 159, 160, 164
Strafen 89
Streiche 21
Streicheln 48, 72 f.
Stress 18, 27, 94, 117, 125, 156

Tagesmutter 76 f.
Teamgeist 95, 184
Temperament 70
Testosteron 88, 155
Träume/r 34, 123 f.
Trotzphase 93

Überforderung 27
Überraschungen 54
Umwelt 19, 34, 50 f., 154, 160
Unabhängigkeit 143
Unsicherheit 26, 37, 40, 62, 74, 87 f., 144, 151, 154, 158, 164, 173
Unterlegenheit 149
Unterstützung 27, 85, 133, 162, 169

Vaterfigur 170
Vater-Sohn-Verhältnis 44
Verantwortung 76, 121, 133
Verbote 55
Verdrängung 129

Vergleichen 111
Verhalten 20, 26, 48, 52, 77 f., 97, 104
Verletzlichkeit 154
Verletzungen 79, 105
Versagensängste 119
Verständnis 15, 69, 124 f., 136, 145, 151 f., 158, 162 f., 171, 180
Vertrauen 62, 106, 123, 133, 169
Verwöhnung 110
Verzweiflung 88 f., 94
Vorbild(er) 83, 85, 123 ff., 130, 135, 150, 152, 171
Vorlieben 70, 187
Vorstellung(en) 64, 77, 118, 168
Vorurteile 13, 139, 146

Wachstums 156 f.
Wärme 27, 84, 101, 136, 178
Werbung 114, 142
Werte 152, 168 f.
Widerstand 93
Wünsche 47, 50, 53, 74, 119
Wut 45, 88, 94

Zärtlichkeit(en) 44, 46, 48, 63, 71 ff., 84, 93, 132
Zensuren 132
Zukunft 27, 44, 64
Zuneigung 171
Zurückhaltung 183
Zuwendung 15, 20, 27, 43 f., 48, 63, 84 f., 117, 152, 171
Zweifel 72, 121, 173